RKW-Edition

Thomas Johne

Das Firmenjubiläum als Marketingereignis

So nutzen Sie Vergangenheit und Zukunft
für einen wirkungsvollen Kundendialog

2., überarbeitete und erweiterte Auflage

Verlag Wissenschaft & Praxis

Bibliografische Information der Deutschen Nationalbibliothek

Die Deutsche Nationalbibliothek verzeichnet diese Publikation in der Deutschen Nationalbibliografie; detaillierte bibliografische Daten sind im Internet über http://dnb.d-nb.de abrufbar.

ISBN 978-3-89673-683-3

© Verlag Wissenschaft & Praxis
Dr. Brauner GmbH 2005
2., überarbeitete und erweiterte Auflage 2015
D-75447 Sternenfels, Nußbaumweg 6
Tel. +49 7045 930093 Fax +49 7045 930094
verlagwp@t-online.de www.verlagwp.de

Alle Rechte vorbehalten

Das Werk einschließlich aller seiner Teile ist urheberrechtlich geschützt. Jede Verwertung außerhalb der engen Grenzen des Urheberrechtsgesetzes ist ohne Zustimmung des Verlages unzulässig und strafbar. Das gilt insbesondere für Vervielfältigungen, Übersetzungen, Mikroverfilmungen und die Einspeicherung und Verarbeitung in elektronischen Systemen.

Druck und Bindung: Esser printSolutions GmbH, Bretten

Inhalt

Vorwort zur zweiten Auflage 7

**1 Das Firmenjubiläum – die Chance
für eine erfolgreiche Kommunikationsoffensive** 9

2 Optimale Startposition – das Jubiläumskonzept entwickeln 11

    2.1 Standortbestimmung: Alles beginnt mit der Analyse 12
        2.1.1 Bestandsaufnahme des Unternehmens durchführen 12
        2.1.2 Balance zwischen Vergangenheit
              und Zukunft finden 20
        2.1.3 Unternehmenswerte und Vision definieren 20
        2.1.4 Zielgruppen und Ziele definieren.................................. 20

    2.2 Roter Faden: mit kraftvollen Botschaften
        durch das Jubiläum 22
        2.2.1 Jubiläumsmotto kreieren 22
        2.2.2 Erfolgsgeschichte formulieren....................................... 26

    2.3 Nutzen und Kosten:
        Maßnahmen auswählen, Budget planen.................................. 26

    2.4 Organisatorische Überlegungen:
        Struktur und Klarheit für die Konzeption 31
        2.4.1 Jubiläumsstab einrichten 31
        2.4.2 Jubiläumsworkshop veranstalten 34

**3 Maßnahmen und Kommunikationsmittel
im Jubiläumsjahr – unterschiedlich und vielfältig** 37

    3.1 Grundlage erfolgreicher Jubiläumskommunikation:
        Überblick 37

    3.2 Aktionsfeld Veranstaltungen: keine Plattform für Eitelkeiten... 38
        3.2.1 Mit Festveranstaltung und Betriebsfeier Danke sagen... 39
        3.2.2 Zum Tag der offenen Tür Einblicke gewähren 45

    3.3 Aktionsfeld Veröffentlichungen:
        Jubiläum in bleibender Erinnerung... 48

3.3.1 Mit Jubiläumsbroschüre Vergangenheit
und Zukunft visualisieren 48

3.4 Aktionsfeld Kundendialog:
Jubiläumskommunikation gezielt und persönlich 49
    3.4.1 Mit Jubiläumsanzeigen Botschaften vermitteln 49
    3.4.2 Direct-Mails zur persönlichen Ansprache einsetzen 52
    3.4.3 Jubiläum im Internet feiern 53

3.5 Aktionsfeld Projekte: außergewöhnliches Engagement
im Jubiläumsjahr 54
    3.5.1 Sponsoring zum Imageaufbau nutzen 55

3.6 Aktionsfeld Point-of-Sale: Verkaufsförderung im Fokus 56
    3.6.1 Jubiläumsverkauf auf seriöser Grundlage umsetzen 56

**4 Wirkungsvolle Jubiläumskommunikation –
Kampagne statt Einzelevent 59**

4.1 Im Jubiläumsjahr: nachhaltiger Erfolg
durch integrierte Aktivitäten 59

4.2 Umsetzungsphase: Unterstützung durch externe Partner 61

**5 Klappern gehört dazu – Dialog mit den Medien im
Jubiläumsjahr 63**

5.1 Praktische Medienarbeit:
Gut vorbereitet ist halb gewonnen 63
    5.1.1 Sich durch Pressemitteilungen ins Gespräch bringen .. 63
    5.1.2 Mit Online-PR zum Jubiläum Vertrauen aufbauen 67
    5.1.3 Pressearbeit zu Jubiläumsveranstaltungen
durchführen 69

6 Nach dem Jubiläum – Erfolgskontrolle durch Feedback 73

6.1 Mittel und Wege: zielgerichtet und kundenorientiert 73
    6.1.1 Befragung bei Kunden, Partnern
und Mitarbeitern durchführen 73
    6.1.2 Medienresonanz sammeln und bewerten 74

7 Das Firmenjubiläum als Marketinginstrument – Fahrplan 75

Der Autor 80

*Nur wer sich seiner Geschichte bewusst ist,
bewältigt auch die Zukunft.*

RICHARD VON WEIZSÄCKER

Vorwort zur zweiten Auflage

Die direkten Leserreaktionen auf die erste Auflage des Leitfadens „Das Firmenjubiläum als Marketingereignis" waren sehr erfreulich und bestätigten mich in meinem Ansatz, ein prasxisorientiertes und kompaktes Handbuch zu diesem Thema herauszugeben. Mehrere Gründe haben mich dazu veranlasst, den Leitfaden zu aktualisieren und zu überarbeiten. Einerseits gab es zahlreiche konstruktive Anregungen der Leserschaft, andererseits ist das Jubiläum nach wie vor eines der am meisten unterschätzten und vernachlässigten Marketinginstrumente.

Dabei müssen auch kleinere Unternehmen heute infolge gestiegener Kundenerwartungen, eines veränderten Konsumverhaltens und eines wachsenden Preis- und Konkurrenzdrucks mehr denn je alle Möglichkeiten der Profilierung nutzen, um sich nachhaltig Wettbewerbsvorteile zu verschaffen. Die kommunikativen Chancen, die ein Jubiläum als Alleinstellungsmerkmal bietet, insbesondere kleineren Unternehmen stärker bewusst zu machen, bleibt daher, angesichts sich rasant wandelnder Marktbedingungen, auch in Zukunft ein zentrales Anliegen.

In der zweiten Auflage wird das bewährte Konzept der Erstauflage fortgesetzt: Der Leitfaden soll Inhabern eines etablierten kleinen oder mittleren Unternehmens, aber auch Jungunternehmern als direkt einsetzbares Arbeitsmittel dienen. Dazu werden die wichtigsten Erfolgskomponenten dargestellt – von der effektiven Planung über den Einsatz verschiedener Maßnahmen und Instrumente bis hin zur professionellen Medienarbeit im Jubiläumsjahr. Checklisten, Planungshilfen, Praxis-Beispiele sowie ein Jubiläumsfahrplan runden den Leitfaden ab.

Damit das Jubiläum noch wirkungsvoller als Marketinginstrument genutzt werden kann, habe ich zahlreiche Verbesserungen vorgenommen. Inhaltlich wurden alle Kapitel aktualisiert und überarbeitet. Besonderer Wert wurde dabei auf den Ausbau der Schritt-für-Schritt-Anleitung für ein aussagekräftiges Jubiläumskonzept gelegt. Die aktuellen rechtlichen Möglichkeiten des Feierns eines Jubiläums wurden ebenso berücksichtigt wie die Nutzung des Internets zur Jubiläumskommunikation. Ein zusätzliches Kapitel widmet sich den wichtigsten Aspekten der Planung und Umsetzung einer Jubiläumskampagne.

Wie auch immer dieser Leitfaden genutzt wird – als thematische Einführung oder als Grundlage zur Planungsvorbereitung – der Wunsch ist es, das Jubiläum nicht nur als Randnotiz zu begreifen, sondern Vergangenheit und Gegenwart zielgerichtet zu feiern und es mit Blick in die Zukunft als Mehrwert und Investition für des gesamte Unternehmen einzusetzen.

Thomas Johne
Darmstadt, im November 2014

*Kommunikation ist das bessere Verständnis
von Mensch zu Mensch.*

ERNST BLOCH

1 Das Firmenjubiläum – die Chance für eine erfolgreiche Kommunikationsoffensive

Ein Firmenjubiläum – Belastung oder Chance? Vor dieser Frage stehen Unternehmer immer wieder. Verbunden mit einem viel zu hohen Aufwand finden einige. Für unser Unternehmen lohnt sich das Feiern eines Jubiläums nicht, behaupten andere. In jedem Fall gilt es auch zu bedenken: Ein Firmenjubiläum ist Teil der Öffentlichkeitsarbeit und sollte somit als große Chance angesehen werden, für ein positives Erscheinungsbild bei den Mitarbeitern, in der Öffentlichkeit sowie bei Kunden und Geschäftspartnern zu sorgen. Nutzen Sie also aktiv die kommunikativen Möglichkeiten, die ein Jubiläum bietet:

Firmenjubiläum als Standortbestimmung. Jedes Unternehmen hat seine eigene Identität und steht am Jubiläumstag mit seiner einzigartigen Geschichte im Mittelpunkt. Wo können Sie Ihre Werte, bisherigen Erfolge, positive Entwicklungen und Zukunftsvisionen wirksamer und kompakter vermitteln als im gesellschaftlichen Umfeld Ihres Jubiläums? Es bildet für Sie also als Ereignis und Zäsur einen willkommenen Anlass, um eine Standortbestimmung für Ihr Unternehmen vorzunehmen. Und es ist für Sie eine einmalige Gelegenheit, anhand der Unternehmensgeschichte zu zeigen, dass Sie halten, was Sie Ihren Kunden und Partnern versprechen und dass Ihre Mitarbeiter mit Ihnen an einem Strang ziehen.

Insofern ist Ihr Jubiläum ein **Alleinstellungsmerkmal**, das Kontinuität, Stabilität und Perspektiven verspricht – und damit auch ein nicht zu unterschätzender Wettbewerbsvorteil gegenüber Ihren Mitbewerbern.

Firmenjubiläum als Marketinginstrument. Ob Ihr Unternehmen sein 50-jähriges oder erst sein 10-jähriges Bestehen feiert – ein Jubiläum bietet immer einen Anlass für eine wirkungsvolle Kommunikation, sowohl **intern als auch außerhalb Ihres Unternehmens**.

Um es aber erfolgreich für die Außendarstellung zu nutzen, gelten die gleichen Spielregeln wie für andere Marketinginstrumente: Es sind konzeptionelle Vorüberlegungen und Planungstechniken erforderlich sowie Kreativität und pragmatisches, kostenbewusstes Handeln.

Und um eine optimale Wirkung zu erzielen, reicht es nicht aus, nur einmalig einen Tag der offenen Tür zu veranstalten. Ergreifen Sie vielmehr die Chance, ihre Jubiläumsbotschaft auf unterschiedlichen Wegen und durch vielfältige Aktivitäten zeitversetzt **im Stil einer Kampagne** während des gesamten Jubiläumsjahres zu kommunizieren. Richtig eingesetzt, kann Ihr Jubiläum somit als zielgerichtetes Marketinginstrument genutzt werden und auf verschiedenen Feldern wirken: Positionierung, Mitarbeitermotivation, Kundengewinnung und -bindung, Imagepflege und Bekanntheitsgrad.

Firmenjubiläum und „Wir-Gefühl". Ein Jubiläum bietet die Chance, auch nach innen so wichtige Unternehmenswerte wie Erfahrung, Kompetenz, Tradition und darüber hinaus Erfolgsgeschichten erlebbar zu machen und zu kultivieren. Verbunden mit Visionen für die Zukunft ist es auch die Grundlage dafür, dass Ihre Mitarbeiter aus voller Überzeugung sagen: Hier sind wir gerne **Teil des Teams**, hier setzen wir unsere ganze Kraft ein. Wir können **stolz auf unsere Leistung** sein und hier gibt es für uns **Perspektiven zur Weiterentwicklung**.

Durch emotionale Events und Aktivitäten mit bleibender Erinnerungswirkung erreichen Sie, dass Ihr Jubiläum für Ihre Mitarbeiter eine **identitätsstiftende und motivationsfördernde Wirkung** entfaltet und so nachhaltig das „Wir-Gefühl" stärkt.

*Planung beginnt damit,
dass man überlegt, was man will.*

PROFESSOR EKKEHARD KAPPLER

2 Optimale Startposition – das Jubiläumskonzept entwickeln

Da der Termin für den „Geburtstag" eines Unternehmens langfristig feststeht, sollte man meinen, dass dies die beste Voraussetzung für eine sorgfältige und professionelle Planung von Jubiläumsmaßnahmen ist. Die Praxis sieht häufig anders aus: Mit den Vorbereitungen wird „in letzter Minute" begonnen – Aktionismus ist nur allzu oft an der Tagesordnung.

Wenn Sie also erst wenige Monate vor dem eigentlichen Jubiläum mit den Planungen beginnen, bedeutet das nicht nur Stress für Ihre Mitarbeiter, sondern eine professionelle Organisation und Durchführung von Jubiläumsmaßnahmen seitens externer Dienstleistungspartner ist unter Umständen nicht möglich. Dies alles kann den Marketingerfolg Ihres Jubiläums insgesamt gefährden.

Der frühzeitige Start der Jubiläumsplanung – **ein bis zwei Jahre vor dem eigentlichen Ereignis sollten Sie damit beginnen** – hilft Ihnen in erster Linie, auf vielen Ebenen Kosten zu verifizieren. Denn Sie werden bei der Durchführung von Jubiläumsmaßnahmen in vielen Fällen auf externe Hilfe angewiesen sein: Für Ihre Festveranstaltung brauchen Sie einen Catering-Service und Sie müssen unter Umständen Räumlichkeiten anmieten. Sie benötigen externe Kommunikationspartner, die Sie bei der Entwicklung Ihrer Jubiläumsbroschüre unterstützten, Ihre Pressearbeit organisieren, Ihre Internetaktivitäten gestalten sowie eventuell Ihre Festrede schreiben. Bei größeren Veranstaltungen müssen Sie gegebenenfalls auf die Dienstleistungen einer Veranstaltungsagentur zurückgreifen, die Servicepersonal sowie Künstler für das Rahmenprogramm verpflichtet. Hinzu kommt: In einem frühen Planungsstadium können Sie noch rechtzeitig Korrekturen und Verbesserungen vornehmen. Das Budget kann so besser im Kontext der Ziele erstellt werden.

Damit Sie alle Maßnahmen und Instrumente in professionelle Bahnen lenken und vor allem das Marketingpotenzial Ihres bevorstehenden Jubiläums auch wirklich nutzen können, reicht es nicht aus, nur ein ungefähres Gefühl für den „Geburtstag" Ihres Unternehmens zu haben. Um sich bei den anstehenden Herausforderungen nicht zu verzetteln und unkoordiniertes Handeln zu vermeiden, ist **ein strukturiertes schriftliches Jubiläumkonzept** empfehlenswert, das Aspekte wie Standortbestimmung, Vergangenheit und Zukunft, Vision, Zielgruppen, Erfolgsgeschichte, Maßnahmenauswahl, Budget und Umsetzung Schritt für Schritt definiert. So bekommen Sie eine praktische Arbeitsunterlage an die Hand, die für alle an den Planungen Beteiligten die Richtung Ihres Jubiläums in punkto Marketing und Öffentlichkeitsarbeit vorgibt.

2.1 Standortbestimmung: Alles beginnt mit der Analyse

Im Rahmen der konzeptionellen Vorbereitung sollten Sie im **ersten Schritt** der Standortbestimmung **verschiedene Unternehmensanalysen** durchführen. Hierbei geht es nicht unbedingt in erster Linie um einen Rückblick. Erfahrungsgemäß ist es mindestens ebenso wichtig, dass Sie sowohl Ihre gegenwärtige Unternehmensentwicklung beleuchten, als auch Antworten für die Zukunft finden. So können Sie wertvolle Impulse setzen und alle Interessengruppen auf eine gemeinsame Perspektive einstimmen. Es geht also im Kern um folgende Fragen im Jubiläumsjahr: Wer sind wir? Wo stehen wir? Wohin wollen wir? Was wollen wir erreichen? Wo liegen unsere Stärken? Welche Signalwirkung soll das Jubiläum haben? Nur dann können Sie festlegen, welche Ziele Sie mit Ihrem Jubiläum intern und extern erreichen möchten – und steigern so Ihre Erfolgschancen.

2.1.1 Bestandsaufnahme des Unternehmens durchführen

Analyse 1: Formulieren Sie kurz und prägnant, wozu Ihr Unternehmen im Markt ist, was Sie anstreben und wohin Sie sich entwickeln wollen. Die folgende Checkliste unterstützt Sie dabei, sich mit den zentralen Fragen Ihrer Unternehmensrealität auseinanderzusetzen sowie Stärken und Schwächen zu bewerten.

CHECKLISTE: WIE SIE DIE SITUATION IHRES UNTERNEHMENS ANALYSIEREN

Ihre Analysefelder – Kernfragen	Ist-Zustand beschreiben	Beantwortet/ Analysepunkt abgeschlossen	Klärung oder Recherchen notwendig
Geschäftsbeschreibung – Unternehmensgrundsätze			
Wie beschreiben wir unseren Markt? Was leisten wir, welche Aufgaben nehmen wir im Markt wahr?			
Wer sind unsere Kernzielgruppen? Welche Marktposition haben wir derzeit?			
Welches sind unsere größten Marketingprobleme/-chancen? Welche sind unsere wichtigsten Ziele?			
Welche Vor-/Nachteile hat unser Leistungsangebot gegenüber dem unserer Mitbewerber?			
Welchen Nutzen haben die Zielgruppen von unseren Produkten oder Dienstleistungen?			
Was macht unser Unternehmen unverwechselbar?			
Wodurch ist unser unternehmerisches Handeln bestimmt? (Qualitätsbewusstsein, Umweltbewusstsein, bestimmte ethische Werte im Verhältnis zu Kunden, Mitarbeitern)			
Unternehmensposition/-entwicklung			
Wie entwickelten sich die Umsätze in den letzten drei Jahren (mit Aussagen zur Gewinnsituation): nach Produkten und Verkaufsregionen?			

Ihre Analysefelder – Kernfragen	Ist-Zustand beschreiben	Beantwortet/ Analysepunkt abgeschlossen	Klärung oder Recherchen notwendig
Mit welchen Kunden(-gruppen) haben wir in diesem Zeitraum den größten Umsatz getätigt?			
In welchen Branchen waren wir erfolgreich?			
Wie ist es um die Kapitalausstattung und die Liquidität bestellt?			
Produkte – Dienstleistungen			
Welche Produkte oder Dienstleistungen bieten wir an? Sind unsere Produkte technologisch ausgereift? Haben unsere Produkte oder Dienstleistungen Alleinstellungsmerkmale?			
Wie steht es um die Qualität bei der Leistungserbringung?			
Entsprechen die bestehenden Produkte und der Service den Bedürfnissen der Kunden? Kennen wie die Probleme unserer Kunden?			
Ist die Weiterentwicklung des Leistungsangebots/Sortiments notwendig?			
Werden neue Produkte oder Dienstleistungen verlangt?			
Worin liegen die Möglichkeiten neuer Angebote?			
Mitarbeiter – Führungskräfte			
Wie qualifiziert sind unsere Mitarbeiter (Fachwissen, Leistungsfähigkeit, Verkaufstalent, soziale Kompetenzen)?			

Ihre Analysefelder – Kernfragen	Ist-Zustand beschreiben	Beantwortet/ Analysepunkt abgeschlossen	Klärung oder Recherchen notwendig
Identifizieren sich die Mitarbeiter mit dem Unternehmen (Teamgeist, Betriebsklima Auftreten)? Sind Krankenstand und Fluktuation gering?			
Wie steht es um die Qualität der Führungskräfte (Branchenerfahrung, Kreativität, Führungsstil/-qualität)?			
Funktioniert die Kommunikation zwischen Führungsebene und Mitarbeitern?			
Marketing			
Wie gehen wir mit unseren Kunden um (Grad der Kundenorientierung, Art der Reklamationsbearbeitung)?			
Wie treten wir bei unseren Kunden auf (Umgangsformen, Körpersprache, Beratungskompetenz)?			
Sind unsere Kunden mit den Mitarbeitern zufrieden (Telefonzentrale, Kundendienst, Vertrieb, Buchhaltung)?			
Wie präsentieren wir unser Leistungsangebot?			
Wie hoch ist unser Stammkundenanteil? Wie hoch ist die Abhängigkeit von einzelnen Großkunden?			
Wie und über welche Wege verkaufen wir am erfolgreichsten?			
Wie aktuell ist unser Kundendatei?			

2 Optimale Startposition – Das Jubiläumskonzept entwickeln

Ihre Analysefelder – Kernfragen	Ist-Zustand beschreiben	Beantwortet/ Analysepunkt abgeschlossen	Klärung oder Recherchen notwendig
Wie erfolgreich waren die bisherigen Marketingaktivitäten? Haben wir mit einzelnen Maßnahmen die geplanten Ziele auch erreicht?			
Hat unser Unternehmen eine regelmäßige Presseresonanz?			
Beteiligen wir uns regelmäßig an Messen?			
Engagieren wir uns in Verbänden und im sozialen Bereich?			
Kommt die Identität des Unternehmens (fachliche Kompetenz, Abgrenzung gegenüber Mitbewerbern) bei unserem Erscheinungsbild ausreichend zum Ausdruck?			
Organisation			
Funktioniert unsere interne Kommunikation optimal?			
Sind die Betriebsabläufe überschaubar?			
Verfügen wir über eingespielte lokale/regionale Netzwerke?			
Haben wir flache Hierarchieebenen, um schnell und flexibel zu entscheiden?			
Ist unsere technische Betriebsausstattung auf dem neuesten Stand?			

> **EXPERTEN-TIPP**
>
> Woher bekommen Sie die Informationen? Bei der Vorbereitung der Unternehmensanalyse können Sie auf interne Quellen zurückgreifen:
>
> - Rechnungswesen: Absatzmengen, Umsatzzahlen, Auftragsdaten
> - Berichtswesen und Verkaufsstatistik: Reklamationen, Umtauschquoten, Einkaufsfrequenz
> - Kundendatei: Einmalkunden, Stammkunden, Topkunden, Gesamtzahl der Kunden
> - Mitarbeiter: Informationen über Märkte und Kunden, Besuchsberichte, Erfahrungen bei der Produktanwendung oder Dienstleistungserbringung, Informationen aus Kunden-Feedback
> - Erfahrungsberichte über abgeschlossene Marketingaktionen

Analyse 2: Das Firmenjubiläum ist ein willkommener Anlass zu prüfen, wie Ihr Unternehmen in der Öffentlichkeit eingeschätzt wird. Analysieren Sie dazu die Position Ihres Unternehmens in punkto **Bekanntheit und Image**:

- Akquirieren Sie regelmäßig neue Kunden?
- Sind Sie durch beständige Werbung in der Öffentlichkeit präsent?
- Wird Ihr Unternehmen durch Presseartikel als Teil des öffentlichen Lebens dargestellt?

Von entscheidender Bedeutung für die Öffentlichkeit und die Medien sowie für die Mitarbeiter und Kunden ist ein einheitliches Erscheinungsbild des Unternehmens. Dazu trägt eine kontinuierliche und systematische Corporate-Identity entscheidend bei. Sie umfasst das visuelle Erscheinungsbild, die Kommunikation sowie die Unternehmenskultur (Werte, Verhalten). Nur über ein starkes und klares Unternehmensprofil kann sich das Unternehmen am Markt positionieren und sich die Identifikation der Mitarbeiter sowie das Vertrauen von Kunden und Öffentlichkeit sichern.

Wenn Sie sich bisher noch nicht umfassend mit einer stimmigen Corporate-Identity-Strategie beschäftigt haben, ist Ihr Jubiläum eine gute Gelegenheit, Ihre Unternehmensidentität über die Unternehmensgeschichte, das Leistungsprogramm sowie die Zukunftsperspektiven zu kommunizieren. Allerdings: Der Aufbau einer Corporate-Identity-Strategie und deren Umsetzung ist ein langfristiger Prozess, für den Ihr Jubiläum nur der Startschuss sein kann.

Für erste Überlegungen ist die folgende Planungsunterlage hilfreich:

PLANUNGSUNTERLAGE
UNTERNEHMENSIDENTITÄT

Welches Image haben die Kunden vom Unternehmen (Auswahl)?	trifft zu	trifft nicht zu
1. seriös		
2. konservativ		
3. innovativ		
4. flexibel		
5. kompetent		
6. serviceorientiert		
7. effizient		
8. nutzenorientiert		
9. umweltbewusst		
10. weitere Imagemerkmale.......		

Entsprechen einzelne Merkmale dem Image, das vom Unternehmen ausgehen soll?	Ja	Nein
1.		
2.		
3.		
4.		
5.		
6.		
7.		
8.		

Welches ist das Idealbild, das in der Öffentlichkeit hervorgerufen werden soll?

1.

2.

3.

4.

5.

6.

7.

8.

2.1.2 Balance zwischen Vergangenheit und Zukunft finden

Zur Standortbestimmung gehören nicht nur Unternehmensanalysen, sondern auch die passende Gewichtung zwischen Vergangenheit und Zukunft. Denn: In der Jubiläumskommunikation sollte immer ein gewisses Maß an Vergangenheit (Historie und Erlebtes) und Zukunft (Vision) berücksichtigt werden. Eine grundsätzliche Empfehlung zur Gewichtung gibt es nicht. Jedes Unternehmen muss zu Beginn der Jubiläumsplanung individuell entscheiden, wie die richtige Balance zwischen Vergangenheit und Zukunft aussehen soll.

Soll es um mehr Rückblick gehen? 75 Jahre Unternehmensgeschichte bieten in der Regel viel Stoff für „Erfolgsgeschichten". **Oder sollen doch mehr die „Perspektiven" im Vordergrund stehen?** Besonders bei Unternehmen mit einer eher jüngeren Geschichte kann sich diese Sichtweise als besser geeignet erweisen: Wie stark sollen die Unternehmensvisionen als Motor für die Zukunft gewichtet werden?

2.1.3 Unternehmenswerte und Vision definieren

Im Rahmen der Jubiläumskonzeption sollten Sie auch die zentralen Unternehmenswerte und die Vision klar definieren, denn auch sie sind Teil der Jubiläumskommunikation und die **Grundlage für die Formulierung eines Mottos und einer Erfolgsgeschichte**. Wie Sie Schritt für Schritt von der Formulierung des Unternehmensleitbildes zu einem aussagekräftigen Jubiläumsmotto gelangen, erfahren Sie im Folgenden.

2.1.4 Zielgruppen und Ziele definieren

Weiter gilt es, die zentrale Frage zu beantworten, für welche Ziel- und Interessengruppen Ihr Jubiläum attraktiv sein könnte. Deren Erwartungen, die Möglichkeiten und Wege, sie zu erreichen, sollten im Jubiläumskonzept klar bestimmt werden.

Wer soll mit den Maßnahmen und Kommunikationsinstrumenten angesprochen werden?

Jedes Unternehmen steht in einer spezifischen Beziehung zu seinem wirtschaftlichen, sozialen und politischen Umfeld. Dieses Beziehungsgeflecht bildet den Ausgangspunkt für die jubiläumsorientierte Zielgruppenanalyse. Dabei sollten Sie folgende Zielgruppenkreise in Ihre Überlegungen miteinbeziehen:

- Intern: Mitarbeiter, Familien der Mitarbeiter und Pensionäre

    Zum Jubiläum: Danke sagen, Wertschätzung zum Ausdruck bringen, Unternehmenskultur erlebbar machen, Motivation und Identifizierung stärken

- Marktpartner: Kunden, Lieferanten, Handel, Banken, Investoren, Gesellschafter

    Zum Jubiläum: Danke sagen, Hintergrundinformationen vermitteln, Einblicke ermöglichen, Wertschätzung zeigen, gemeinsam feiern, Rückblick und Perspektiven verdeutlichen

- Organisationen und Verbände: Gewerkschaften, Berufsorganisationen, Kirchen, Behörden, Stadtverwaltung, Parteien, Abgeordnete, Ministerien, Schulen, Hochschulen, Bürgerinitiativen, kulturelle Einrichtungen, Kammern, Verbraucherorganisationen

    Zum Jubiläum: Unternehmenskultur und -werte vermitteln, Rückblick und Perspektiven verdeutlichen

- Medien: Printmedien lokal/regional, TV/Hörfunk

    Zum Jubiläum: Blick hinter die Kulissen ermöglichen, Regionalstolz zum Ausdruck bringen, Rückblick und Perspektiven verdeutlichen

- Öffentlichkeit: regionale Bevölkerung, Nachbarn

    Zum Jubiläum: Blick hinter die Kulissen ermöglichen, Unterhaltung, gemeinsam feiern

Was soll mit den Maßnahmen erreicht werden?

Ein erfolgreiches Firmenjubiläum lebt davon, dass Sie es hinsichtlich quantitativer und qualitativer Ziele messen können. Nur durch eine **exakte**

Formulierung der Jubiläumsziele können Sie Ihre Erwartungen gegenüber dem Jubiläum präzisieren und nach der Durchführung der Maßnahmen die Wirkung auf die einzelnen Zielgruppen kontrollieren. Den Ausgangspunkt für die Zielformulierung bilden die bestehenden Marketing- und Kommunikationsziele Ihres Unternehmens. Jubiläumsziele können sein (intern, am Standort, im Markt):

- Beeinflussung des Image (Erfahrungen kommunizieren, Glaubwürdigkeit aufbauen, Vertrauen erhöhen)
- Stärkung der Kundenbindung
- Einführung eines neuen Corporate-Designs
- Innovationsschub nach innen und außen
- Begeisterung für Produkte oder Dienstleistungen
- Festigung des Zusammengehörigkeitsgefühls der Mitarbeiter
- Profilierung gegenüber Mitbewerbern, die nicht mit langjähriger Erfahrung punkten können

2.2 Roter Faden: mit kraftvollen Botschaften durch das Jubiläum

Wenn Sie alle Punkte der Standortbestimmung definiert haben, können Sie sich nun im **zweiten Schritt** damit auseinandersetzen, welche inhaltlichen Botschaften den Zielgruppen vermittelt werden sollen. Hierbei geht es um die **Formulierung der Kernaussage** zu Ihrem Jubiläum sowie um eine **aussagekräftige Jubiläumsstory.**

2.2.1 Jubiläumsmotto kreieren

Es gibt mehrere Gründe, warum Sie die bei Ihrem Jubiläum eingesetzten Kommunikationsmaßnahmen und geplanten Aktivitäten mit einem Motto verbinden sollten. Zum einen bringt es die Unternehmenswerte und die Ausrichtung des Unternehmens prägnant auf einen Nenner. Zum anderen bekommt Ihr Jubiläum durch ein einheitliches Erscheinungsbild bzw. ein wiederkehrendes Merkmal **einen unverwechselbaren emotionalen Charakter.**

Entwickeln Sie im Rahmen Ihrer konzeptionellen Überlegungen eine Leitidee als Jubiläumsmotto – mit folgender Fragestellung: Wofür steht unser Unternehmen? Wichtig ist, dass der Leitgedanke aus den Unternehmenswerten und der Vision abgeleitet wird.

> **PRAXIS-BEISPIEL**
>
> **Sein 25-jähriges Bestehen feiert ein metallverarbeitender Betrieb unter dem Motto „Hier schlägt das Herz für Blech".**
>
> Die Aussage steht für das Herzblut der Gründer sowie das Engagement der Mitarbeiter. Es vermittelt ein Gefühl der Partnerschaft zu Kunden, Lieferanten und Geschäftspartnern, die von Vertrauen, Beständigkeit, Verlässlichkeit und Loyalität getragen wird. Und es betont den Standort als ein Zentrum der Metallbearbeitung und die langjährige Tradition der Region als Wachstumsmotor für Werkzeugmaschinenbau.

Vom Unternehmensleitbild zum aussagekräftigen Jubiläumsmotto

Nehmen Sie zunächst Ihre bereits im Unternehmen vorliegenden zentralen Aussagen zum Unternehmensleitbild (Vision und Unternehmenswerte/Handlungsmaxime) als Ausgangspunkt. Sollten Sie bisher auf die Formulierung eines Leitbildes verzichtet haben, beginnt die Suche nach einer Botschaft mit einer kurzen und prägnanten Beschreibung Ihrer Leitgedanken. Dabei sollten Sie folgende Inhalte berücksichtigen:

- Definition des Unternehmens.
- Ihr Angebot: Beschreibung des Kernproduktes und/oder der Kerndienstleistungen, die Sie in Zukunft und auf Dauer anbieten und verkaufen möchten. Dazu gehören auch die Besonderheiten Ihrer Angebotspalette und die speziellen Stärken Ihres Unternehmens.
- Ihre Vision: Wo wollen Sie langfristig mit Ihrem Unternehmen im Markt stehen?
- Ihre Werte: Welche Aspekte bestimmen Ihr unternehmerisches Handeln? Von welchen Grundsätzen lassen Sie sich in Ihren Beziehungen zu Mitarbeitern, Kunden und Geschäftspartnern leiten?

> **PRAXIS-BEISPIEL**
>
> **Anbieter von Reisemobil-Komponenten und Ausbauzubehör – Unternehmensleitbild**
>
> Wir sind Spezialisten für den Selbstausbau kompakter Reisemobile mit Originalkarosserie. Mit unserem Sortiment (Zubehörteile, Möbelbausätze und Dachkonstruktionen) bieten wir Vielfalt für Individualisten. Wir wollen überregionaler Marktführer werden. Geleitet von unseren Unternehmenswerten, die Respekt, Integrität, Teamwork und Leistung sowie Leidenschaft in allen unseren Handlungen in den Mittelpunkt stellen, sind wir bestrebt, unsere Kunden zu nachhaltigem Erfolg zu verhelfen. Dabei leiten uns folgende Grundsätze:
>
> - Wir bieten Produkte und Lösungen mit hohem Sicherheitsniveau, ansprechendem Design bei überdurchschnittlichen Qualitätsstandard und einem fairen Preis-/Leistungsverhältnis.
> - Wir arbeiten in allen Produktbereichen an technischen Weiterentwicklungen, um den individuellen Fahr- und Wohnkomfort unserer Kunden zu erhöhen.
> - Mit starker Serviceorientierung und wettbewerbsfähigen Lieferzeiten streben wir dauerhafte Kundenbeziehungen an.
> - Die ständige Weiterbildung unserer Mitarbeiter ist für uns unverzichtbar.

Greifen Sie dann einen Kernaspekt Ihres Leitbildes auf – unter Berücksichtigung der Geschichte, der Gegenwart und der Zukunftsperspektiven Ihres Unternehmens. Achten Sie bei Inhalt und Gestaltung auf folgende Aspekte:

- Überlegen Sie sich eine Schlüsselbotschaft, ein Credo, das Ihre Handlungen in jedem Unternehmensbereich bestimmt.
- Bringen Sie Ihre unternehmerische Kernaussage auf den Punkt.
- Die Jubiläumsbotschaft kann eine echte unternehmerische Vision beinhalten.
- Sie kann aber auch in einem zentralen Statement das Unternehmen erklären und ein Produkt- oder Leistungsversprechen abgeben.

> **PRAXIS-BEISPIEL**
>
> **Anbieter von Reisemobil-Komponenten und Ausbauzubehör – Kernaspekt/Leitbild**
>
> Das Unternehmen, 1985 in ... gegründet, feiert im Jahr 2010 sein 25-jähriges Bestehen. 25 Jahre, in denen alle Mitarbeiter dazu beigetragen haben, dass aus dem kleinen Unternehmen für Kompakt-Reisemobile ein Spezialist für Ausbau-Komponenten und Reisemobilzubehör geworden ist. Wir stehen für:
>
> - ein vielfältiges Angebot
> - Produkte in bewährter Qualität
> - kontinuierliche Produktverbesserungen
> - flexible Mitarbeiter mit anerkannter Fachkompetenz
> - faires Preis-/Leistungsverhältnis

Verdichten Sie abschließend den ausgewählten Aspekt Ihrer unternehmerischen Kernaussage (die zu kommunizierende Botschaft) zu einem Jubiläumsmotto. Berücksichtigen Sie bei der Formulierung und der Bewertung der Vorschläge folgende Kriterien:

- Sofort einleuchtend: Das Jubiläumsmotto muss für die Zielgruppen verständlich sein (kurz, einfach, direkt, treffend – vollständige Sätze müssen nicht sein).

- Zum Unternehmen passend und nachprüfbar: Das Jubiläumsmotto muss mit der Wahrnehmung des Unternehmens bei den Zielgruppen übereinstimmen. Es muss in der Lage sein, ein positives Image nach außen zu vermitteln. Beim Jubiläumsmotto muss es sich im Kern um eine Qualitätsaussage handeln, die von den Zielgruppen nachprüfbar ist.

- Motivierend: Das Jubiläumsmotto sollte ein Motivationsfaktor nach innen („Wir-Gefühl") sowie nach außen („Zuverlässigkeit", „Qualität" und „Erneuerung") darstellen.

> **PRAXIS-BEISPIEL**
>
> **Anbieter von Reisemobil-Komponenten und Ausbauzubehör – Vorschläge/Jubiläumsmotto**
>
> - „25 Jahre (Firmenname) – Kompetenz und Innovationen für mobilen Reisespaß"
> - „25 Jahre reisemobile Ideen – (Firmenname)"
> - „(Firmenname) – 25 Jahre Innovationen für mobilen Reisespaß"
> - „25 Jahre Vielfalt rund ums Reisemobil – (Firmenname)"

2.2.2 Erfolgsgeschichte formulieren

Nachdem Sie Ihr Jubiläummotto festgelegt haben, widmen Sie sich folgender Fragestellung: Wie soll unsere Jubiläumsstory aussehen? Welche „Erfolgsgeschichte" wollen wir erzählen? Im Hinblick auf die Inhalte gilt: Weniger ist mehr. Wichtig ist, dass Sie sich auf **eine wirkungsvolle Botschaft konzentrieren.** Die ist weit eingängiger als viele kleine Geschichten zu erzählen.

Achten Sie vor allem darauf, **dass Ihre Geschichte im Kern ein Alleinstellungsmerkmal** hat, mit dem Sie Wettbewerbsvorteile erzielen können. So ziehen sich Jubiläumsmotto und Erfolgsgeschichte **wie ein roter Faden durch das ganze Jubiläumsjahr**, verbinden alle geplanten Maßnahmen und geben Ihrem Jubiläum und damit Ihrem Unternehmen einen unverwechselbaren Charakter.

2.3 Nutzen und Kosten: Maßnahmen auswählen, Budget planen

Jubiläumsaktivitäten

Basierend auf der Zielgruppenauswahl, der festgelegten Ziele und unter Berücksichtigung des Mottos und der Jubiläumsstory legen Sie nun **im dritten Schritt** fest, mit welchen Maßnahmen das Jubiläum optimal umgesetzt und kommuniziert werden kann, zum Beispiel:

- Mitarbeiter: emotionale Events wie Betriebsfest, Tag der offenen Tür, Präsente, Festschrift, Jubiläumsbroschüre, Gratifikation

- Kunden; Partner: Festveranstaltung, Messegeschenke, Festschrift, Jubiläumsbroschüre, Händlerveranstaltungen, Jubiläums-Microsite

- Honoratioren: Festveranstaltung, Präsente, Festschrift, Jubiläumsbroschüre

- Medienvertreter: Festveranstaltung (Lokal- und Wirtschaftspresse), Tag der offenen Tür (Lokalpresse), Pressekonferenz mit Abendveranstaltung (Fachpresse), Festschrift, Jubiläumsbroschüre, Jubiläums-Microsite

- Öffentlichkeit/lokale Bevölkerung; Nachbarn: Tag der offenen Tür, Sponsoring-Events

Bei Ihren Planungen sollten Sie auf jeden Fall berücksichtigen:

Statt der Realisierung einer Einzelveranstaltung oder weniger unkoordinierter Kommunikationsmaßnahmen werden Jubiläen erfahrungsgemäß am nachhaltigsten durch **eine idealerweise einjährige integrierte Kampagne** bei den Interessengruppen verankert – und zwar mit aufeinander abgestimmten Sonderaktivitäten und Maßnahmen für Print und Online.

Im Rahmen der Planung einer Kampagne reicht häufig die Analyse der bestehenden Kommunikationskanäle aus, um festzustellen, dass es bereits zahlreiche erprobte Wege gibt, die unterschiedlichen Zielgruppen zu erreichen.

Stellt sich bei den konzeptionellen Überlegungen heraus, dass unsicher ist, ob einzelne Maßnahmen zum Unternehmen und seinen Image passen, sollten die vorgeschlagenen Jubiläumsaktivitäten vor der Auswahl entsprechend bewertet werden. Dabei unterstützt Sie die nachfolgende Arbeitsunterlage:

Planungsunterlage
Auswahlkriterien: Jubiläumsmaßnahmen

Kernzielgruppen: Handel, Aktionäre, Mitarbeiter, Topkunden, Politik/ Multiplikatoren, Medien, Öffentlichkeit

Welche Akzeptanz erwarten wir bei den vorgeschlagenen Jubiläumsaktivitäten von den Zielgruppen?

Maßnahmen	**Akzeptanz**		
	hoch	mittel	gering

Bei welchen Jubiläumsaktivitäten besteht Aussicht auf große Akzeptanz?

Maßnahmen	**Priorität 1-6**

Decken sich die Jubiläumsaktivitäten mit dem bereits bestehenden Image unseres Unternehmens?

Maßnahmen　　　　**Imagefaktoren**　　　　　　**trifft zu**　　**trifft nicht zu**

Bei welchen Jubiläumsaktivitäten besteht die Gefahr, dass sich ein negatives Image bei den Zielgruppen verankert?

Maßnahmen　　　　　　　　　　　　　　　　　**trifft zu**　　**trifft nicht zu**

Jubiläumsetat

Das Jubiläumskonzept hat die Rahmenbedingungen definiert. Bei der gesamten Planung geht es natürlich auch darum, dass alle Maßnahmen und Instrumente in einem erkennbaren Kosten-/Nutzenverhältnis stehen. Deswegen ist die Grundlage eines erfolgreichen Jubiläums ein fester Etat. Stellen Sie also im **letzten Schritt** eine Kostenkalkulation für Ihr Jubiläum auf. Grundsätzlich sollte Ihr Jubiläumsbudget eine Aufstellung aller möglichen Kostenfaktoren enthalten. Das folgende Muster-Budget für das Jubiläum eines kleineren Unternehmens erhebt keinen Anspruch auf Vollständigkeit, sondern soll als Anregung dienen.

PRAXIS-BEISPIEL

40-jähriges Bestehen – kleineres Möbelhaus mit 2 Filialen, Jubiläumsbudget: 60.000 Euro

Budgetposten	Maßnahmen	Budgetanteil
Konzeption & Planung	1. Erstellung Jubiläumskonzept (externe Agentur) 2. Erstellung Briefing für externe Dienstleister 3. Planung auf Basis des Jubiläumskonzepts (Ziele, Termine) 4. Abstimmungsaufwand mit Lieferanten 5. Durchführung Workshop (externe Leitung)	10%
Infrastruktur Auf-/Abbau	1. Hallenfläche/Freigelände im Unternehmen oder Anmietung externer Räumlichkeiten 2. Umsetzung Konzept externe Dienstleister (Honorar für Entwurf und Ausführung) 3. Ausstattung (Bestuhlung, Bühne, Beleuchtungssystem, Beschriftung, Deko etc.) 4. Auf- und Abbau (Zelt, Mobiliar, Bühne) 5. Hin-und Rücktransport der Infrastruktur 6. Technik/Equipment (Installation Multimedia, Musikanlage)	40%
Unterhaltung/ Livekommunikation	1. Events, Promotion, Hostessen 2. Künstler/Musik (Gagen, GEMA)	10%
Personal (intern/extern)	1. Moderator, Redner 2. Catering, Reinigung, Bewachung, Fotograf	10%
PR/Werbemaßnahmen	1. Pressearbeit/Presse-Clipping 2. Kommunikationsmaßnahmen online/offline (Einladungen, Anzeigen, Internet, Broschüre, Besucher-Umfragen und Auswertungen etc. – Gestaltung, Umsetzung)	15%
Sonstige Kosten	Gebühren (Wasser, Strom, Ausweise, Genehmigungen, Haftpflichtversicherung)	5%
Verfügbares Budget		**90%**
Reserve für unvorhergesehene Kosten		10%
Gesamtinvestition		**100%**

2.4 Organisatorische Überlegungen: Struktur und Klarheit für die Konzeption

Häufig wird das Jubiläum nur als ein kurzfristiges Ereignis betrachtet, das mit zusätzlichem Organisationsaufwand verbunden ist. In der Praxis führt das dazu, dass eine bestimmte Person oder Abteilung mit der Planung und Organisation der Jubiläumsaktivitäten beauftragt wird und entsprechend unmotiviert die Abwicklung vornimmt. Wenn Sie das Jubiläum als Marketingereignis begreifen und in die Unternehmenskommunikation einbinden wollen, müssen Sie **die entsprechenden Fachabteilungen an der konzeptionellen Entwicklung der Jubiläumsstrategie beteiligen.**

2.4.1 Jubiläumsstab einrichten

In der Planungsphase muss klar werden, wer welchen Beitrag leistet. Die Wahl externer Partner ist deshalb ebenso wichtig wie die intern zu besetzenden Positionen innerhalb der Projektgruppe. Je nach Unternehmensgröße und interner Struktur sollten Sie folgende Abteilungen in die Vorbereitungen Ihres Jubiläums einbinden:

- Vertreter der Geschäftsleitung/Inhaber
- Betriebsrat
- Vertreter der Personalführung
- Abteilungen Marketing/Werbung/Verkauf
- Abteilung Öffentlichkeitsarbeit
- Abteilung Controlling
- Produktmanagement/Forschung
- Niederlassungen in anderen Städten/Ländern

Ein Stab mit für die Aufgaben qualifizierten Vertretern aus den genannten Bereichen hat nicht nur direkten Einfluss auf die Kosten, sondern gewährleistet, dass ein einheitliches und für das gesamte Unternehmen verbindliches Jubiläumskonzept entwickelt wird. Durch eine professionelle Arbeitsweise werden Überschneidungen, Koordinationsprobleme, zusätzlicher Personalaufwand und damit unnötige Mehrkosten vermieden.

Die Aufgaben des Jubiläumsstabes

Zentrale konzeptionelle Aufgaben des Stabes können sein:

- Standortbestimmung
- Zielgruppenplanung
- Formulierung der Jubiläumsziele
- Entwicklung der Jubiläumsbotschaft und der Erfolgsstory
- Prüfung der aus den Fachabteilungen vorgeschlagenen Jubiläumsideen sowie Auswahl der Aktivitäten, Maßnahmen und Instrumente
- Kostenplanung

Neben den konzeptionellen Aufgaben übernimmt der Stab nach Entscheidung über Art und Umfang der Aktivitäten die Verantwortung für die Umsetzung der Einzelmaßnahmen bzw. der Kampagne. Er stellt sicher, dass die Jubiläumsstory und der rote Faden im Laufe der Umsetzung nicht verwässern. Das von den Fachabteilungen zusammengestellte Organisationsteam wird vom Stab mit der praktischen Durchführung der Aktivitäten beauftragt. Dieses zieht nach Absprache weitere interne Stellen und externe Kommunikations- und Veranstaltungsagenturen hinzu.

> **EXPERTEN-TIPP**
>
> Als Geschäftsführer/Inhaber sollten Sie sich die Zeit nehmen, im Jubiläumsstab mitzuarbeiten – das steigert den Stellenwert des Vorhabens im Unternehmen. Wichtig: Laden Sie Ihre Belegschaft ausdrücklich dazu ein, eigene Ideen für Jubiläumsmaßnahmen vorzuschlagen und halten Sie Ihre Mitarbeiter über den Fortgang der Vorbereitungen auf dem Laufenden – zum Beispiel durch regelmäßige Rundschreiben. Dies fördert die Motivation und trägt schon in der Planungsphase dazu bei, dass sich alle mit dem Ereignis identifizieren.

Wenn Sie aufgrund Ihrer Unternehmensstruktur eigene Vorstellungen haben, welche Abteilungen unbedingt an den Planungen mitwirken sollten – dann können Sie Ihre Überlegungen gleich hier notieren:

PLANUNGSUNTERLAGE
JUBILÄUMSSTAB: TEAMMITGLIEDER

Folgende Abteilungen/Bereiche sollten in den Jubiläumsstab berufen werden:

Abteilung/Funktion	Herr/Frau
1.	
2.	
3.	
4.	
5.	
6.	
7.	
8.	
9.	

Im Rahmen der Jubiläumsplanung vergisst man häufig, wie schnell die Zeit vergeht – Projekte, die vor einigen Wochen noch „Zeit hatten", brennen auf einmal unter den Nägeln. Es entsteht ein unnötiger Zeitdruck, der nicht immer zu positiven Resultaten führt. Legen Sie deshalb bei jedem Treffen des Jubiläumsstabes fest, wer für was bis wann zuständig ist.

PLANUNGSUNTERLAGE
JUBILÄUMSSTAB: ZIEL-/ZEITVORGABEN

Projekte/Aufgaben

zu erledigen	verantwortlich	zu erledigen bis	erledigt am bzw. neuer Termin bis
1.			
2.			
3.			
4.			
5.			
6.			
7.			
8.			
9.			

2.4.2 Jubiläumsworkshop veranstalten

Um ein professionelles Jubiläumskonzept zu erarbeiten, hat sich in der Praxis – zum Planungsstart – die Durchführung eines Workshops bewährt, an dem alle Mitglieder des Jubiläumsstabes teilnehmen sollten. Hier gewinnen Sie Erkenntnisse, wo Sie mit Ihrem Unternehmen stehen. In diesem Rahmen werden Jubiläumsideen mit Prioritäten versehen sowie Auswahlkriterien für vorgeschlagene Einzelmaßnahmen entwickelt. Eine externe Workshop-Leitung und eine klare externe Analyse erleichtern zumeist die Standortbestimmung, die Findung der Kernaussagen und der Schwerpunkte der Jubiläumsmaßnahmen. Zur Vorbereitung des Workshops sollten Sie sich über die Themenschwerpunkte klar werden. Die folgende Arbeitsunterlage hilft Ihnen dabei:

**PLANUNGSUNTERLAGE
JUBILÄUMSWORKSHOP: THEMEN**

Dauer: 1 Tag

Teilnehmer aus verschiedenen Abteilungen und Hierarchieebenen sowie externe Berater

Inhalte	im Workshop erledigt	noch zu erledigen von wem?
Informationen über andere Jubiläen		
Unternehmensstrategie (Ziele, Produkte, Märkte)		
Analysen (Basis: Unternehmensentwicklung, Daten aus der Marktforschung)		
Jubiläumsziele festlegen, Zielgruppen bestimmen		
Brainstorming zu den Themen Jubiläumsbotschaft/-motto, Erfolgsgeschichte		
Brainstorming für Maßnahmen durchführen, Auswahlkriterien festlegen, Gewichtung		
Aktivitäten bestimmen, Kampagnenplanung		
Vorschläge, Aufgaben, Zuständigkeiten (Aufgabenverteilung an Teilnehmer, weiteres Vorgehen)		

Der Einfall ersetzt nicht die Arbeit.

MAX WEBER

3 Maßnahmen und Kommunikationsmittel im Jubiläumsjahr – unterschiedlich und vielfältig

Die Bandbreite der Aktivitäten und Instrumente, mit denen Sie Ihre Jubiläumsbotschaften kommunizieren können, ist naturgemäß groß. Nicht in jedem Fall ist der Einsatz gerechtfertigt, notwendig und/oder finanzierbar. Für ein kleines Unternehmen mit einem begrenzten lokalen/regionalen Markt ist es durchaus angemessen, das Jubiläum mit einem den Möglichkeiten angepassten Aktivitäten-Mix zu gestalten. So kann es ausreichen, für einen begrenzten Kundenstamm einen Kundenabend in exklusivem Rahmen zu veranstalten, bei dem Geschichte in Erinnerung gerufen und Perspektiven aufgezeigt werden. Ein Tag der offenen Tür für die Öffentlichkeit und ein Betriebsfest für die Mitarbeiter, dazu passende Pressemitteilungen, eine Jubiläumsbroschüre sowie eine Jubiläums-Microsite runden das Projekt „Jubiläum" ab. Damit Sie Ihre individuelle „Grundausstattung" für eine Jubiläumskampagne zusammenstellen können, wird im Folgenden die ganze Vielfalt möglicher Jubiläumsmaßnahmen aufgezeigt.

3.1 Grundlage erfolgreicher Jubiläumskommunikation: Überblick

Standardausstattung

Zur festen „Grundausstattung" eines Jubiläums gehören mittlerweile eine Jubiläumsschrift (Festschrift, Jubiläumsbroschüre), Jubiläumsanzeigen, personalisierte Direct-Mails, eine Jubiläums-Microsite, ein Betriebsfest sowie eine Festveranstaltung. Je nach Größe, Branche und Ausrichtung Ihres Unternehmens können auch Pressemeldungen, ein Bericht im Lokalradio, ein Tag der offenen Tür oder Marketingaktivitäten wie ein Sonderverkauf oder Jubiläumseditionen sinnvoll sein. Wenn Sie tendenziell jüngere Zielgruppen ansprechen, sollten Sie prüfen, inwieweit Kommunikationsmaßnahmen in den sozialen Netzwerken (Facebook, Twitter, Xing & Co.) sowie die Entwicklung von YouTube-Videos zur Zielerreichung beitragen.

Jubiläumsmaßnahmen im Überblick

Die folgende Übersicht zeigt Ihnen die ganze Vielfalt möglicher Jubiläumsmaßnahmen.

- **Veranstaltungen:** Festveranstaltung, Betriebsfest, Tag der offenen Tür, Händlerveranstaltungen, Messeevents
- **Präsente:** Mitarbeitergratifikation, Incentives, Geschenke für Mitarbeiter und Topkunden, Händlerrabatte
- **Verkaufsförderung:** Jubiläumsedition, Sonderangebote, Point-of-Sale-Aktionen, Gewinnspiele
- **Kommunikation offline/online**: Geschäftsbericht, Festschrift, Jubiläumsbuch, Jubiläumsbroschüre, Unternehmensfilm, Anzeigen, Funkspot, Mitarbeitermagazin, Kundenzeitschrift, Pressearbeit, neue Grundsätze der Zusammenarbeit, Image-Kampagne, Direct-Mails, Internet (Jubiläums-Microsite, Newsletter, Online-Umfrage inkl. Gewinnspiel, Social-Media-Aktion)
- **Projekte/Sponsoring**: Ausstellungen, Stiftung, Unterstützung sozialer Projekte, Spendenaktion, Stipendien, Forschungsinitiativen

3.2 Aktionsfeld Veranstaltungen: keine Plattform für Eitelkeiten

Bei Jubiläumsveranstaltungen geht es immer darum, **das Wir-Gefühl nachhaltig durch gemeinsame Erlebnisse zu stärken oder Kunden und Partner mithilfe einer geschickten Inszenierung der Inhalte emotional an das Unternehmen zu binden.** Die Erfahrung zeigt, dass die Teilnehmer bei diesen Gelegenheiten für Botschaften des Unternehmens viel aufgeschlossener sind als beim Einsatz unpersönlicher Werbung. Und es gilt: Je digitaler die Welt, desto wichtiger wird der persönliche Kontakt. Nutzen Sie also die Chance, mit feierlichen Veranstaltungen Beziehungen zu intensivieren. Aber bedenken Sie: lieber gar keine Veranstaltung als eine schlechte. Planen Sie deshalb alle Aktivitäten sorgfältig mit genügend Vorlauf, um Stress und Stolperfallen zu vermeiden. Und sorgen Sie für eine professionelle Durchführung.

3.2.1 Mit Festveranstaltung und Betriebsfeier Danke sagen

Festveranstaltung

Sie richtet sich in ihrer kommunikativen Wirkung nur an bestimmte Zielgruppen. Eingeladen werden leitende Angestellte, Vertreter von Banken, Topkunden, Geschäftspartner, lokale und kommunale Politiker sowie die Lokal- und Fachpresse.

Bedenken Sie dabei immer: Der Programmablauf ist keine Plattform für persönliche Eitelkeiten. Der Programminhalt muss dem Charakter und dem Image des Unternehmens entsprechen – der Erfolg liegt in der Wahl der richtigen Dramaturgie, im Timing und in Zusammenspiel gestalterischer und technischer Komponenten.

> **EXPERTEN-TIPP**
>
> Berücksichtigen Sie ein bis zwei Jahre als Vorbereitungszeit für eine Festveranstaltung. Dieser Planungszeitraum ist notwendig, da die Verfügbarkeit von Veranstaltungsorten und Künstlern einer eigenen Dynamik unterliegt – gemäß der Regel: Je bekannter der Künstler oder je attraktiver der Veranstaltungsort, desto länger können die Buchungsfristen sein.

Betriebsfeier

Sie wendet sich an die Mitarbeiter, ihre Angehörigen sowie ehemalige Mitarbeiter des Unternehmens. Von der eigenen Werkshalle über das angemietete Festzelt mit Catering-Service bis zum romantischen Schloss: Nutzen Sie die Betriebsfeier mit einem optimal gestalteten Programm, um sich für die jahrelange Loyalität zu bedanken und zur Stärkung des „Wir-Gefühls". Machen Sie so Unternehmensgeschichte erlebbar, zeigen Sie Zukunftsperspektiven auf – und lassen Sie Ihre Mitarbeiter zu Wort kommen.

Checkliste: Was Sie bei Planung und Organisation einer Jubiläums-/Festveranstaltung beachten sollten

Ihre Aufgaben	Noch zu erledigen: Von wem? Bis wann?	Aktivitäten abgeschlossen
Überlegungen – Kernfragen		
Welche Art der Veranstaltung ist geeignet?		
Passt die Veranstaltung zu den Zielgruppen und den sonstigen PR-und Marketingmaßnahmen? Stärkt die Veranstaltung das Unternehmensimage und führt sie zu dauerhaften Positionierungseffekten? Wird darauf geachtet, dass sie für die Zielgruppe von starkem Interesse ist, einen hohen Publikumswert hat?		
Wurde ein Veranstaltungsbudget festgelegt?		
Vorbereitung		
Zielgruppe definieren.		
Termin auswählen (berücksichtigen: Ferienzeiten, Branchentermine wie Messen oder lokale Ereignisse).		
Verantwortliche Mitarbeiter für Vorbereitung und Durchführung bestimmen (Recherchen – Eventagentur, Catering, Künstler etc.).		
Externe Veranstaltungsdienstleister beauftragen.		
Mitarbeiter informieren.		
Zeitplan inkl. Zeitpuffer aufstellen.		
Recherchen durchführen (Auswahl der Gäste, wie viele Einladungen werden benötigt?).		

Ihre Aufgaben	Noch zu erledigen: Von wem? Bis wann?	Aktivitäten abgeschlossen
Einladungsliste zusammenstellen. Form der Einladung festlegen (beachten: Corporate Design des Unternehmens, Programminhalt, Grafik und Text spannend gestalten). Technische Informationen berücksichtigen: • Termin und Uhrzeit • Ort mit Adresse • Angaben zu Ort und Bewirtung • Anfahrtsskizze • Antwortmöglichkeit und Ansprechpartner • E-Mail, Telefonnummer Absprachen mit Grafiker, Druckerei treffen. Art der Einladung bestimmen (per E-Mail/Post?). Einladungen versenden (Ankündigung: 2-3 Monate vor dem Termin per E-Mail, offizielle Einladung: ca. 4-6 Wochen vor dem eigentlichen Veranstaltungstermin mit der Bitte um Antwort zu einem bestimmten Datum) Rücklauf kontrollieren.		
Lokale Medien über Veranstaltung und konkreten Termin informieren. Fachjournalisten Ihrer Branche sowie die Ihrer Kunden einladen. Pressebetreuung organisieren.		
Pressetext vorbereiten. Vorlaufzeiten der Medien berücksichtigen.		
Vorlaufzeiten für Produktion der Werbematerialien bei der Druckerei klären.		
Werbemittel auf Vollständigkeit und Aktualität überprüfen.		
Technisches Equipment testen. Fotograf zur Dokumentation buchen.		
Werbung für die Veranstaltung festlegen (über eigene Internetseite, Anzeigen, Flyer, Online-Portale, Social Media?).		

Ihre Aufgaben	Noch zu erledigen: Von wem? Bis wann?	Aktivitäten abgeschlossen
Organisation		
Veranstaltungsform festlegen.		
Veranstaltungsort auswählen (berücksichtigen: Größe im Verhältnis zur Teilnehmerzahl, gute Erreichbarkeit, Ambiente, ausreichendes Parkplatzangebot, vorhandenes technisches Equipment). Buchung externer Locations mindestens 1 Jahr vor der Veranstaltung.		
Bei Gestaltung folgende Bereiche berücksichtigen: • Außenanlage (Beflaggung, Zufahrtsregelung, Sicherheitsfragen/Einlassdienst) • Einlassbereich (Beschilderung, Empfangscounter) • Blumenschmuck/Dekoration • Garderobenannahme, Empfangshostessen, Präsente • Saalaufbau/Ausstattung/Bestuhlung (Reihe, reservierte Plätze, Bühne, Bühnentechnik, Rednerpult, Licht-/Tontechnik)		
Das Corporate-Design Ihres Unternehmens und das Jubiläumsmotto am Veranstaltungsort sichtbar machen: • Firmenfahnen, Transparente • Hinweisschilder, Empfangscounter • Empfangsdamen (Uniformen) • Bühnendekorationen • Rednerpult, Tischdekoration		

Ihre Aufgaben	Noch zu erledigen: Von wem? Bis wann?	Aktivitäten abgeschlossen
Verträge für die Räumlichkeiten und die Übernachtungsarrangements abschließen.		
Catering buchen (Auswahl/Umfang, Ablauf, Zeitplan, Budget, Personalplanung).		
Vor Veranstaltungsbeginn überprüfen: • Räumlichkeiten • Ausstattung • Dekoration • technisches Equipment • Catering • Werbegeschenke • Werbemittel bereitstellen		
Ggf. professionelle Pressebetreuung sicherstellen.		
Programmplanung		
Ablaufplan erstellen (Beginn, Programmhöhepunkte als „Erinnerungsanker", Rahmenprogramm, Ende, Nachbereitung).		
Art der Aktivitäten festlegen (künstlerische/ musikalische Darbietungen, Essenszeiten, Interaktion mit den Gästen, Aktivitäten für Kinder).		
Referenten gewinnen (auch aus dem Kreis Ihrer Kunden). Festlegen, wer zu welchem Zeitpunkt wie lange reden soll.		
Künstler buchen.		
Moderator auswählen, der durch das Programm führt.		
Honorarvereinbarungen und Verträge mit Beteiligten abschließen.		

Ihre Aufgaben	Noch zu erledigen Von wem? Bis wann?	Aktivitäten abgeschlossen
Programmpunkte und Ablauf mit den Beteiligten koordinieren (zeitlich, inhaltlich).		
Zeitplan/Programmablauf an Beteiligte versenden.		
Resonanzkontrolle		
Meinungen/Beurteilungen von Teilnehmern einholen.		
Für Journalisten, die nicht kommen konnten: Höhepunkte der Feier in einer Pressemitteilung zusammenfassen und mit professionellem Bildmaterial kurzfristig verschicken. Zusätzlich: Pressemitteilung herausgeben (Verlauf, Besucherzahlen, Gästeresonanz). Evtl. Presseecho dokumentieren (zum Beispiel auf der Internetseite).		
Stärken und Schwächen bei Planung und Durchführung intern analysieren und Dokumentation erstellen.		
Abrechnungen, Kostenüberprüfung/Controlling		
Nachbereitung		
Veranstaltung inhaltlich und visuell zeitnah aufbereiten für: • Mitarbeiter-und Kundenzeitungen • Intranet und Internetseite • Social-Media-Kanäle		

> **EXPERTEN-TIPP**
>
> Wenn Sie möchten, dass viele der Eingeladenen mit Ihnen den Geburtstag des Unternehmens feiern, dann sollte Ihre Einladung Appetit auf die Veranstaltung machen: mit gelungenen, frischen Formulierungen. Vermeiden Sie daher altmodische Floskeln, die die Leser Ihrer Einladung allzu schnell auch mit einer langatmigen Feier verbinden.
>
> **So nicht:** Anlässlich unseres 25-jährigen Bestehens...
>
> **Besser:** „Anlässlich" ersetzen Sie in einer modernen Einladung durch „zu".
>
> *Zu unserem 25-jährigen Bestehen...*
>
> **So nicht:** Wir möchten Sie herzlich einladen...
>
> **Besser:** Vermeiden Sie diese Formulierung.
> Sie möchten nicht nur, Sie tun es.
>
> *Wir laden Sie herzlich zu.... ein.*
>
> **So nicht:** Wir freuen uns auf Ihr Kommen.
>
> **Besser:** *Verpassen Sie auf keinen Fall unsere Jubiläumsfeier, denn die nächste findet frühestens in ... Jahren statt.*
>
> **So nicht:** Wir laden Sie zu unserem 25-jährigen Firmenjubiläum ein.
>
> **Besser:** Vermeiden Sie sprachliche Ungenauigkeiten.
>
> *Wir laden Sie zu unserem 25. Firmenjubiläum ein.*
>
> *Wir laden Sie ein, das 25-jährige Bestehen unseres Unternehmens mit uns zu feiern.*
>
> *Unser Unternehmen feiert seinen 75. Geburtstag. Dazu laden wir Sie herzlich ein.*

3.2.2 Zum Tag der offenen Tür Einblicke gewähren

Bieten Sie Kunden, Interessenten und Nachbarn die Chance, Ihr Unternehmen von innen zu sehen und hautnah zu erleben, wie Sie arbeiten. Zeigen Sie, dass Menschen hinter dem Unternehmen stehen. Bieten Sie den Besuchern im Rahmen eines pfiffigen Programms Fakten und Gespräche und heben Sie Ihr Unternehmen damit aus der Anonymität heraus. Ihre Besucher sehen Sie dann mit eigenen – und vielleicht ganz anderen Augen. Mit dem Tag der offenen Tür demonstrieren Sie Fachkompetenz, Offenheit und Dialogbereitschaft und können zusätzlich Aufmerksamkeit in den Medien erzielen. So gelingt die professionelle Planung und Organisation.

Machen Sie eine Bestandsaufnahme:

- Gibt es für das Ereignis genügend Räumlichkeiten?
- Welche Präsentationsmedien stehen zur Verfügung?
- Was muss erneuert oder instand gesetzt werden?
- Wie viele Teilnehmer werden erwartet?
- Wurde eine Veranstaltungsdienstleister (Künstler, Catering etc.) in die Planung mit einbezogen?
- Wie soll die Veranstaltung beworben werden (Anzeigen, Internet, Plakate etc.)?
- Wurde ein Kostenrahmen festgelegt?

Erarbeiten Sie einen Zeit- und Projektplan:

- Wird durch Rückwärtsplanung ermittelt, was in welcher Reihenfolge getan werden muss, um die Veranstaltung termingerecht zu realisieren? Gibt es einen zeitlichen Puffer?

Entwickeln Sie ein Programm:

- Gibt es eine für die Öffentlichkeit attraktive Jubiläumsaktion?
- Welche Programmhöhepunkte eignen sich am besten als lang wirkender Erinnerungsanker?
- Gibt es zur Auflockerung ein passendes Rahmenprogramm (Bewirtung, Musik, Kinderprogramm)?
- Gibt es einen Parcours durch das Unternehmen, der sich an den Jubiläumszielen orientiert?
- Wurde der Termin auf einen Samstag oder Sonntag gelegt?
- Wurde darauf geachtet, dass er nicht mit anderen lokalen Terminen kollidiert?
- Was soll im Unternehmen gezeigt werden? Sensible Unternehmensbereiche sollten für die Besucher nicht zugänglich sein.

Planen Sie die Durchführung:

- Sind zur Vorbereitung und zur Umsetzung die Verantwortlichkeiten und die Funktionen eindeutig geregelt?
- Wurde eine Einladungsliste formuliert?
- Wurden Art und Form der Einladung festgelegt?
- Wurde die Lokalpresse eingeladen?
- Stehen Geschäftsführung und weitere kompetente Mitarbeiter in bestimmten Zeitintervallen zur Information und Diskussion zur Verfügung?
- Ist eine professionelle Pressebetreuung gewährleistet?
- Stehen genügend Parkplätze bereit?
- Wurden alle behördlichen Genehmigungen eingeholt?
- Wurden Werbegeschenke vorbereitet?
- Gibt es umfassende Informationen für die Mitarbeiter?
- Wurde eine eigene Pressemittelung herausgegeben, die den Verlauf, Besucherzahlen und die Resonanz der Gäste dokumentiert?
- Wurde im Anschluss an die Veranstaltung Pressematerial an diejenigen Journalisten geschickt, die nicht kommen konnten?

Werten Sie den Tag der offenen Tür aus:

- Holen Sie die Meinungen von Mitarbeitern, Kunden, Partnern und der lokalen Öffentlichkeit ein?
- Dokumentieren Sie das Presseecho?
- Haben Sie Stärken und Schwächen der Organisation mit dem Projektteam analysiert?

3.3 Aktionsfeld Veröffentlichungen: Jubiläum in bleibender Erinnerung

In Zeiten von Internet und digitaler Welt fragen Sie sich natürlich: Müssen gedruckte Werbemittel zum Firmengeburtstag überhaupt sein? Reicht eine digitale Version, als PDF-Datei per E-Mail verschickt und auf der Internetseite zum Download angeboten, nicht aus? Die Praxis zeigt, dass insbesondere Multiplikatoren wie zum Beispiel **Journalisten, Bankenvertreter, Investoren, Kooperationspartner und Topkunden** gedruckte Publikationen zu diesem Anlass nutzen, um sich ein Bild von der wirtschaftlichen Leistungsfähigkeit und den unternehmerischen Perspektiven zu verschaffen.

3.3.1 Mit Jubiläumsbroschüre Vergangenheit und Zukunft visualisieren

Wenn Sie Ihr Unternehmen zum Jubiläum stärker im Markt positionieren wollen, sollten Sie eine bleibende Dokumentation über die Vergangenheit, Gegenwart und Zukunft Ihres Unternehmens erstellen. Dabei bietet die Jubiläumsbroschüre Raum, um kompakt in Wort und Bild Emotionen zu wecken. Sie kann somit eine moderne und dynamische Alternative zur klassischen Festschrift oder zum Jubiläumsbuch darstellen. Folgende Faktoren sind die Voraussetzung für eine qualitativ hochwertige Jubiläumsbroschüre:

Inhalt: Legen Sie Wert auf einen hohen Bildanteil. Beleben Sie die Texte mit alten Dokumenten, Fotos, Grafiken. Wählen Sie zur Visualisierung der Chronik Ihres Unternehmens aussagekräftige Bilder aus, die die Kernaussagen und die Emotionen stützen.

Setzen Sie im Textteil den Schwerpunkt auf die Gegenwart und die Zukunft Ihres Unternehmens. Vermitteln Sie eine prägnante Botschaft. Stellen Sie Produktinnovationen, Erfolgsstorys und vielleicht bisher noch nicht Bekanntes ins Rampenlicht. Machen Sie deutlich, wer hinter dem Unternehmen steht: Lassen Sie Ihre Mitarbeiter zu Wort kommen. Denken Sie an Interviews mit Ihren Kunden und auch an ein Statement der Unternehmensleitung im Hinblick auf deren Ziele, Werte und Visionen.

Form: In der Kürze liegt die Würze: Die Jubiläumsbroschüre ist kürzer als ein Jubiläumsbuch und hat maximal 40 Seiten. Vermeiden Sie langatmige Texte, Worthülsen, umständliche Beschreibungen und „Beamtendeutsch".

Achten Sie beim Layout durchgängig auf die Corporate-Design-Richtlinien (Farbe, Schrift, Anmutung, Jubiläumsmotto). Papierqualität und Formatauswahl müssen dem Image des Unternehmens entsprechen.

3.4 Aktionsfeld Kundendialog: Jubiläumskommunikation gezielt und persönlich

Wenn Sie Ihr Jubiläum als Marketinginstrument erfolgreich nutzen wollen, bietet es zahlreiche Chancen, Kunden- und Interessentengruppen mit emotionalen Inhalten anzusprechen. Mit Anzeigen, Direct-Mailings und Internetkanälen, die speziell eingerichtet werden, stehen Ihnen im Jubiläumsjahr flankierende Mittel und interaktive Maßnahmen zur Verfügung, um nicht nur Bestandskunden zu aktivieren und neue Kunden hinzuzugewinnen, sondern auch stabilere Kundenbeziehungen zu erreichen.

3.4.1 Mit Jubiläumsanzeigen Botschaften vermitteln

Obwohl es an Alternativen nicht mangelt, gehören klassische Anzeigen immer noch zu den wichtigsten Werbemitteln, wenn es darum geht, das Interesse der Zielgruppen für das Jubiläum eines Unternehmens zu wecken. Ob Sie auf diesem Weg breitere Kundenkreise im lokalen Markt zu einem Tag der offenen Tür einladen und auf Jubiläumsangebote hinweisen, oder sich bei Kunden und Lieferanten für die langjährige Partnerschaft bedanken – so können Sie sich gezielt von Ihren Mitbewerbern abheben.

Doch bedenken Sie: Anzeigen sind ein erheblicher Kostenfaktor. Der Anzeigenraum ist teuer und damit die Anzeige überhaupt ihre Wirkung entfaltet, muss sie durch Profis (Grafiker, Werbeagentur) gestaltet werden. Deshalb ist es nur dann empfehlenswert, Jubiläumsanzeigen zu schalten, wenn Ihre Kunden und Partner in der jeweiligen Leserschaft des Werbeträgers zu finden sind. Haben Sie sich für Anzeigenwerbung im Jubiläumszeitraum entschieden, dann stehen Ihnen vielfältige Möglichkeiten der Veröffentlichung zur Verfügung:

- **Tageszeitungen:** Sollten Sie im regionalen Markt tätig sein und breite Bevölkerungsschichten ansprechen, dann sind Sie in der örtlichen Tageszeitung gut aufgehoben. Gut einsetzbar für Einzelhändler, Dienstleister, Handwerker, Rechtanwälte.

- **Anzeigenblätter:** Diese meist wöchentlich erscheinenden Presseerzeugnisse werden kostenlos an die Haushalte verteilt und sind eine überlegenswerte Alternative zur lokalen Zeitung. Sie haben eine weitaus höhere Auflage, bei meist niedrigeren Anzeigenpreisen.

  Allerdings haben sie nicht immer die uneingeschränkte Akzeptanz der Leserschaft (Probleme bei der Zustellung, nicht wenige der zugestellten Exemplare wandern ungelesen in den Papierkorb). Durch die weite Verbreitung in der Region ist diese Medium ebenfalls gut geeignet für Handwerker, lokale Dienstleister und Selbstständige vieler Branchen.

- **Fachzeitschriften:** Vorausgesetzt Sie bieten Ihre Produkte oder Dienstleistungen auch überregional und für eine ganz bestimmte fachspezifische Zielgruppe an wie zum Beispiel Geschäftsführer, mittleres Management, Einkäufer oder Vertriebsleiter, dann liegen Sie mit Anzeigen in Fachmedien genau richtig. Es gibt kaum eine Branche oder Berufsgruppe ohne eine oder mehrere Fachzeitschriften.

  Durch weitere Medienangebote (Online-Portale, Seminare oder Fachbuchreihen) und Analysen der Leserschaft bekommen Sie einen differenzierten Überblick über die Interessen, Wünsche und Erwartungen der spezifischen Leserzielgruppen von Fachzeitschriften. Damit haben Sie in der Regel eine fundierte Grundlage für Ihre Entscheidung in punkto Anzeigenschaltung. Gut geeignet für Industrieunternehmen, Dienstleister und Händler, die Geschäftskunden erreichen wollen.

PRAXIS-BEISPIEL

Ein Textilhändler für Maßkonfektion stärkt seine Positionierung im Jubiläumsjahr 2014 mit Jubiläumsanzeigen in regionalen Tageszeitungen.

Abbildung: Inhaber, Mitarbeiter und Kunden schneiden gemeinsam im Ladengeschäft eine große Geburtstagstorte an.

Fließtext:

20 Jahre

Seit 1994 und in Zukunft

Gemeinsam Stärke zeigen.

Mit 3 Geschäften in der Region.

Mit Leistungsvielfalt und Servicestärke.

Mit Kundennähe und persönlicher Beratung.

Mit Engagement und Leidenschaft.

Auf unseren hundertprozentigen Einsatz für Sie können Sie sich verlassen.

Jederzeit. Auch wenn wir Geburtstag haben.

Attraktive Jubiläumsrabatte und tolle Aktionsangebote warten auf Sie!

EXPERTEN-TIPP

Vernetzen Sie Offline- und Online-Kanäle. Wenn Sie Ihr Jubiläum mit Anzeigen bewerben, können Sie dabei auch auf mobiles Marketing mittels QR-Codes setzen. Scannt der Nutzer den eingedruckten QR-Code auf der Anzeige mit seinem Smartphone ein, wird er direkt auf Ihre Jubiläums-Microsite weitergeleitet. Hier findet er dann alle Infos zur Unternehmensgeschichte, zu Sonderangeboten, Rabattaktionen, Terminen und Gewinnspielen.

3.4.2 Direct-Mails zur persönlichen Ansprache einsetzen

Im Rahmen der Jubiläumskommunikation sind persönlich adressierte postalische Mailings ein bewährtes Mittel, um das besondere Verhältnis zu Stammkunden, Marktpartnern und anderen besonders wichtigen Personen hervorzuheben.

Ob es dabei um Einladungen zu Feiern oder um Informationen über Sonderverkaufsaktionen an Stammkunden geht, mit einer individuellen Ansprache werden Sie im Jubiläumsjahr positiv wahrgenommen. Um positive Ergebnisse bei Ihren Mailingaktivitäten zu erzielen, sollten Sie von Anfang an die typischen Stolpersteine bei der Planung und Durchführung vermeiden:

Falsche, unvollständige Adressierung. Auch für den schriftlichen Kontakt gilt: „Der erste Eindruck zählt". Mailings mit unvollständigen, unpersonalisierten und fehlerhaften Adressen wandern ungelesen in den Papierkorb oder lösen negative Reaktionen beim Empfänger aus.

Dies führt zu Streuverlusten und Rückläufern und damit zu unnötigen Porto- und Mailingkosten. Also: Nur ein sorgfältig gepflegter Adressenstamm bietet eine Chance auf eine positive Resonanz.

Fehlendes Antwort-/Reaktionsmedium. Häufig bringen Mailings kaum Anfragen, weil daraus nicht ersichtlich wird, wie die Empfänger reagieren sollen. Ihr Mailing sollte immer mit einer einfachen und schnellen Reaktionsmöglichkeit auf Ihr Angebot versehen sein. Orientieren Sie sich dabei an den Kommunikationsgewohnheiten Ihrer Zielkunden.

Keine Nutzenargumentation im Brieftext. Mit dem Angebot soll dem Kunden geholfen werden, ein Problem zu lösen oder ein Ziel zu erreichen. Derartige Nutzenversprechen werden in der Praxis viel zu selten kommuniziert.

Nur wenn es Ihnen gelingt, den Empfänger innerhalb weniger Sekunden von dem konkreten Nutzen Ihres Jubiläumsangebotes zu überzeugen, wird die Ablage Ihres Mailings im Papierkorb verhindert.

Fehlende Organisation. Misserfolge bei Mailingaktionen werden nicht nur durch geringe Reaktionsquoten verursacht, sondern häufig auch durch eine mangelhafte interne Abwicklung und Nachbereitung. Prüfen Sie also vorab, ob eventuell zu versendende Werbemittel vollständig und in ausreichendem Maße vorhanden sind. Informieren Sie alle betreffenden Mitarbeiter über den Termin der Mailingaktion (Telefonzentrale/

Sekretariat, Verkauf/Marketing, IT-Abteilung, PR-Abteilung). Bearbeiten Sie nach Abschluss der Aktion die Rückläufer und aktualisieren Sie Ihre Datenbank. So reduzieren Sie beim nächsten Mal falsch adressierte Aussendungen oder Mailings an nicht interessierte Empfänger auf ein Minimum.

Keine eigene Adressakquisition. Das A und O jeder erfolgreichen Mailingaktion sind richtig ausgewählte, qualifizierte Adressen. Bauen Sie also auf Ihre eigene Adressdatenbank. Wenn sie gut gepflegt, personalisiert und nach Interessenten, Erstkäufern und Stammkunden strukturiert ist sowie zusätzlich Informationen über deren Interessen und Bedürfnisse enthält, können im Jubiläumsjahr Streuverluste vermieden und damit Mailingkosten reduziert werden.

3.4.3 Jubiläum im Internet feiern

Wenn Sie Ihr Jubiläum auch im Internet in den Vordergrund rücken und es als Anlass für verstärkte Interaktion mit Kunden und Interessenten nutzen wollen, ist eine **speziell eingerichtete Microsite mit eigenständiger Internetadresse** (unternehmensname/Jubiläumsjahr.de) ideal. Damit haben Sie nicht nur die Möglichkeit, Ihre Jubiläumsbotschaften, Angebote und Informationen in Form von Videos, Animationen, Ton und Text wirkungsvoll zu präsentieren, sondern Sie können auch die Werbewirkung von Maßnahmen überprüfen.

Dabei ist die Microsite kein statisches Medium: Um die Aufmerksamkeit hochzuhalten, sollte sie im Jubiläumszeitraum regelmäßig mit aktuellen Inhalten und exklusiven Downloads versehen werden. Sie kann dem Stil Ihrer Internetseite und der Unternehmens-CI entsprechen oder mit großem Wow-Effekt für Aufmerksamkeit sorgen.

Dabei ist es heutzutage unabdingbar, dass alle Online-Jubiläumsaktivitäten auch auf mobilen internetfähigen Endgeräten wie Smartphones oder Tabletcomputer erlebbar sind. Damit eine eigens gestaltete Jubiläums-Microsite zur Erreichung Ihrer Jubiläumsziele beitragen kann, sollte sie aussagekräftige Beiträge und Mitmach-Aktionen enthalten:

- Sie liefert kurz und prägnant detaillierte Informationen zum Unternehmen, über Produkte und Dienstleistungen.

- Die wichtigsten historischen Ereignisse werden in einer Zeitschiene zum Anklicken zusammengefasst, die alle Fragen zu Vergangenheit, Gegenwart und Zukunft beantwortet.

- Die Philosophie des Unternehmens wird in emotionalen Bildern und Leitsätzen dargestellt.

- Mit einem kleinen Film wird ein Blick hinter die Kulissen des Unternehmens gewährt.

- Außerdem findet sich dort ein Kalender mit Terminen und Informationen zu allen Festivitäten.

- Die Microsite beschreibt Sonderangebote, Jubiläumseditionen oder Rabattaktionen.

- Sie gibt einen Überblick über verschiedene soziale oder kulturelle Projekte im Jubiläumsjahr.

- Die Nutzer können an speziell entwickelten Kundenaktionen teilnehmen und sich für die Teilnahme an Gewinnspielen qualifizieren.

- Die Nutzer können die auf der Microsite veröffentlichten Tipps ausprobieren und ihre Erfahrungen der Community per Twitter oder Facebook mitteilen.

- Als Bonbon können sich die Nutzer einen Gute-Laune-Song als MP3-Datei kostenlos herunterladen.

3.5 Aktionsfeld Projekte: außergewöhnliches Engagement im Jubiläumsjahr

Zeigen Sie zum Jubiläum, dass Ihr Unternehmen gesellschaftliche Verantwortung übernimmt und fördern Sie im Jubiläumsjahr Projekte in den Bereichen Sport, Kultur, Umwelt und Soziales, gebündelt unter dem Dach des Jubiläumsmottos.

3.5.1 Sponsoring zum Imageaufbau nutzen

Da kleinere Unternehmen in ihrer Region erfahrungsgemäß besonders verwurzelt sind, ist Sponsoring ein relativ kostengünstiges Mittel, um die Bekanntheit zu erhöhen und die Akzeptanz des Unternehmens in der lokalen Öffentlichkeit zu stärken. Es ist nicht kompliziert, Sponsoring selbst zu realisieren. Damit Ihr Engagement im Rahmen Ihrer Jubiläumskommunikation ein Erfolg wird, sollten Sie es jedoch sorgfältig planen, organisieren und kontrollieren. So gehen Sie strategisch vor:

- Überlegen Sie, ob ein Sponsoringengagement überhaupt sinnvoll ist. Was passt zu Ihrem Unternehmen, zur Philosophie und zu Ihren Mitarbeitern?

- Klären Sie: Tragen die Sponsoringaktivitäten zur Erreichung Ihrer Jubiläumsziele bei (zum Beispiel Steigerung der Bekanntheit, Verbesserung des Images oder Verbesserung der Beziehungen zu Meinungsbildnern)?

- Bestimmen Sie die Zielgruppe. Mit welchen Sponsoringaktivitäten können Sie die Zielgruppe des Unternehmens am besten erreichen?

- Wählen Sie die Sponsoringpartner aus. Welche Sportart, welcher Verein, welche Kulturveranstaltung, welches umweltbezogene Engagement hat das passende Image für Ihr Unternehmen? Das geförderte Projekt muss einen glaubwürdigen Bezug zum Unternehmen haben. Sponsoring sollte in jedem Fall authentisch sein und in der Öffentlichkeit nicht als bloße PR-Maßnahme wahrgenommen werden. Sonst können statt einer Imageaufwertung schnell skeptische Reaktionen die Folge sein.

- Im letzten Schritt klären Sie folgende Fragen: Sind die Kosten für das Sponsoring im Jubiläumsbudget festgelegt worden? Sind die einzelnen Sponsoringmaßnahmen (Leistung und Gegenleistung) Gegenstand vertraglicher Vereinbarungen? Wichtig: Legen Sie fest, dass gemeinsam mit dem geförderten Partner über Ihr Engagement auch in lokalen Medien berichtet wird. Die Federführung sollte aber bei Ihnen liegen, damit Sie den Inhalt der Botschaft bestimmen können. Und zum Schluss: Können Erfolgskontrollen eingesetzt werden, um Imagewirkungen und Kontakthäufigkeiten bei den Maßnahmen zu messen?

> **PRAXIS-BEISPIEL**
>
> **Ein Handwerksbetrieb möchte sich zum 35-jährigen Bestehen mit einem besonderen Engagement von seinen Mitbewerbern abheben.**
>
> Die Restaurierung eines städtischen Brunnens auf dem Marktplatz dokumentiert nicht nur die Verbundenheit mit der Stadt, sondern es wird handwerkliche Kompetenz im öffentlichen Raum demonstriert. Zusätzlich erscheint ein Bericht in der regionalen Presse, in dem die Erfolgsgeschichte des Unternehmens vorgestellt wird, inklusive eines Interviews mit dem Bürgermeister.

3.6 Aktionsfeld Point-of-Sale: Verkaufsförderung im Fokus

Viele Maßnahmen und Instrumente, die bis hierher im Zusammenhang mit dem Jubiläum eines Unternehmens besprochen wurden, lassen sich auf die Aktionsfelder Kommunikation und Öffentlichkeitsarbeit zusammenführen. Um den Vorteil eines Jubiläums als Alleinstellungsmerkmal für das Unternehmen zu nutzen, stehen Ihnen im Umfeld von Produkten oder Dienstleistungen auch konkrete Möglichkeiten der Verkaufsförderung zur Verfügung. Daher sollten im Einzelfall prüfen, ob ein **spezieller Jubiläumsverkauf für Sie die geeignete Marketingmaßnahme ist.**

3.6.1 Jubiläumsverkauf auf seriöser Grundlage umsetzen

Bringen Sie Ihr Jubiläum mit einem Sonderverkauf auch wirtschaftlich auf Erfolgskurs. Entwickeln Sie dazu besondere Jubiläumsangebote, verbunden mit attraktiven Rabatten, um zu Impulskäufen anzuregen. So

- schaffen Sie Liquidität,
- erwirtschaften zusätzliche Rendite,
- stärken das Unternehmensimage und
- begeistern Sie Ihre Kunden.

Damit es bei Ihrem Jubiläumsverkauf keine unangenehmen Überraschungen gibt, ist es allerdings im Vorfeld der konkreten Umsetzung wichtig, dass Sie **die rechtlichen Rahmenbedingungen beachten.**

Durch die Reform des Gesetzes gegen den unlauteren Wettbewerb (UWG) im Jahre 2004 sind Sie bei der Durchführung von Jubiläumsverkäufen nicht mehr an frühere gesetzliche Restriktionen gebunden. Jedoch gelten, wie bei allen Sonderveranstaltungen, die Regeln des generellen Verbots der Irreführung.

Zeitpunkt – Beginn – Dauer – Umfang: Wenn Sie Ihren Jubiläumsverkauf ankündigen, ist nach den Regeln des UWG darauf zu achten, dass potenzielle Kunden nicht über den Zeitpunkt, den Beginn, die Dauer und den Umfang des Jubiläumsangebotes in die Irre geführt werden.

Klare Preisgestaltung: Bei einem Jubiläumsverkauf erwarten potenzielle Kunden stets spezielle Kaufvorteile. Deshalb müssen Sie entweder die Preise für den gesamten Warenbestand senken, wenn Sie allgemein für Ihren Jubiläumsverkauf werben oder aber Sie müssen in der Jubiläumswerbung eindeutig herausstellen, dass sich der Verkauf nur auf ganz spezifische, im Preis reduzierte Jubiläumsangebote bezieht.

Nicht mehr nur alle 25 Jahre: Seit der Abschaffung der detaillierten Regelung durch das UWG kann grundsätzlich jeder Geburtstag eines Unternehmens gefeiert werden. Deshalb können Sie beispielsweise schon Sonderveranstaltungen zum einjährigen Bestehen Ihres Unternehmens durchführen.

Wichtig ist dabei nur, dass der Sonderverkauf nicht irreführend gestaltet wird. Das bedeutet, der Anlass für einen Jubiläumsverkauf muss tatsächlich bestehen. Wenn Sie zum Beispiel mit dem 5-jährigen Bestehen Ihres Unternehmens werben, muss es auch ununterbrochen seit 5 Jahren existiert haben.

Jubiläumsverkauf zum konkreten Datum: Der Sonderverkauf zum Jubiläum ist nur zulässig, wenn er auch zum richtigen Zeitpunkt innerhalb des Jahres stattfindet, also im zeitlichen Zusammenhang mit dem konkreten Geburtstagsdatum steht. Beispielsweise ist es irreführend, bei einem Jubiläum im April mit dem Jubiläumsverkauf bis in die Vorweihnachtszeit zu warten.

Jubiläumsverkauf zeitlich begrenzt: Der Wegfall der Sondervorschriften des UWG bedeutet nicht, dass der Charakter als zeitlich begrenzte Sonderverkaufsveranstaltung aufgegeben wird. Daher sollten Sie darauf achten, dass sie nicht unangemessen lange durchgeführt wird.

Als Anhaltspunkt kann bei einem Jubiläumsverkauf von vier Wochen ausgegangen werden. Die damit einhergehenden „Jubiläumspreise" dürfen Sie dabei natürlich auch nicht das ganze Jahr anbieten. Sonst wird eine Preisgültigkeit vorgegaukelt, die de facto nicht existiert.

Anmerkung

Diese Hinweise ersetzen keine Rechtsberatung oder fachliche Unterstützung durch Ihre zuständige IHK, die Sie bei Unsicherheiten im Zusammenhang mit der Planung und Durchführung von Jubiläumsverkäufen in jedem Fall zurate ziehen sollten.

Das Geheimnis des Erfolgs? Anders sein als die anderen.

WOODY ALLEN

4 Wirkungsvolle Jubiläumskommunikation – Kampagne statt Einzelevent

Ein Jubiläum bietet viel Potenzial für einen gezielten und persönlichen Dialog mit ganz unterschiedlichen Zielgruppen. Wenn Sie diesen überaus positiven Anlass als wirkungsvolles Marketing- und Kommunikationsinstrument nutzen wollen, vergeben Sie viele Dialogchancen, indem Sie nur eine Betriebsfeier oder einige wenige unkoordinierte Einzelaktionen in Szene setzen. Weitaus nachhaltiger ist es, kontinuierlich auf verschiedenen Ebenen Verküpfungen zwischen Ihrem Unternehmen und den vielfältigen Interessengruppen herzustellen. Deshalb ist es empfehlenswert, das **Jubiläum als Aufhäger für eine Ganzjahreskampagne** zu nutzen.

4.1 Im Jubiläumsjahr: nachhaltiger Erfolg durch integrierte Aktivitäten

Wenn Sie Ihre Jubiläumskampage planen, geht es darum, ein Maßnahmenpaket zu schnüren – unter Berücksichtigung von Kernaussagen, Auswahlkriterien, Rahmenbedingungen, Zielgruppen und Budget. Dies sollte idealerweise, über das ganze Jahr verteilt, aus aufeinander abgestimmten Aktionen, Angeboten und Veranstaltungen bestehen. Das folgende Praxis-Beispiel vermittelt Ihnen einen Eindruck, wie ein Unternehmen mit einer durchdachten Kampagne für eine kontinuierliche Kommunikation mit den Zielgruppen und für eine effektive Platzierung des Jubiläums sorgt.

> **PRAXIS-BEISPIEL**
>
> **Eine lokale Hausbrauerei mit Restaurant feiert ihr 20-jähriges Bestehen. Kampagnenschwerpunkte**
>
> **Jubiläumsmotto:** Das Motto „20 Jahre Brauerei ... – Bierbrauen ist unser Leben." findet sich in allen Kommunikationsmedien und bildet das verbindende kommunikative Element.
>
> **Cross-Media:** Den Startschuss bildete eine Print-Mailing-Aktion: Durch ein Gewinnspiel wurden die Adressaten auf die Jubiläums-Microsite geführt. QR-Codes auf allen weiteren Werbemitteln wie Anzeigen und einer kompakt gehaltenen Jubiläumsbroschüre lenkten stets zu weiterführenden Inhalten auf der Microsite.

Jubiläums-Microsite: Als zentrale Plattform für die Kampagne wurde eine spezielle Internetseite eingesetzt, mit umfangreichen Informationen zur Unternehmensgeschichte, zu den Meilensteinen des Erfolgs sowie interessanten Fakten zur Braukunst und den Menschen hinter der Brauerei. Zudem gab es einen Kalender mit Veranstaltungs- und Aktionsterminen. Zudem wurde auf der Internetseite ein spezielles Jubiläumsbier angeboten, das Kunden in der Brauerei kaufen konnten.

Im Rahmen eines auf Endverbraucher zugeschnittenen Online-Gewinnspiels gab es neben Bierkrügen auch Gutscheine für diverse Mehr-Gänge-Menüs zu gewinnen, mit dem Ziel, Kunden und Interessenten in das Brauerei-Restaurant einzuladen. Für Stammkunden des Restaurants gab es einen Coupon, mit dem sie bei ihrem nächsten Besuch 10 Prozent Rabatt auf die Rechnung erhielten.

Festveranstaltungen: Zu den Feierlichkeiten wurden die Gäste zum Teil per postalischem Mailing, aber auch über den bestehenden E-Mail-Newsletter eingeladen: Für Handelspartner und Lieferanten veranstaltete die Brauerei am Wochenende des Jubiläums ein festliche Gala mit Drei-Gänge-Menü. Im Laufe des Jahres wurde zudem ein Tag der offenen Tür veranstaltet, mit der Möglichkeit für die Gäste, einen Blick hinter die Kulissen der Brauerei zu werfen und die einzelnen Schritte des Bierbrauens hautnah zu erleben. Die Lokalpresse berichtete ausführlich mit vielen Daten und Fakten über das Unternehmen darüber.

Soziales Engagement: Analog zum 20-jährigen Bestehen unterstützte das Unternehmen finanziell über das Jahr und die Region verteilt, 20 Projekte und Einrichtungen, die die Mitarbeiter auswählten und die sich auch als „Projektpaten" zur Verfügung stellten. Nach und nach wurde jedes geförderte Projekt auf der Jubiläums-Microsite vorgestellt: mit Fotos und Statements der Mitarbeiter und der Projektträger. Die Aktion führte durch ihre emotionalen Höhepunkte zu kontinuierlich steigenden Zugriffszahlen. Die entsprechenden Pressemitteilungen sorgten im Jubiläumsjahr für viele Veröffentlichungen in regionalen Medien.

Wie das Beispiel zeigt, sollten die Jubiläumsmaßnahmen Unerwartetes und Neues bieten, ohne den Nutzwert für Kunden, Partner und Multiplikatoren aus dem Blick zu verlieren. Mit anderen Worten: Das Jubiläum wirkt nur dann nachhaltig, wenn bei allen Interessengruppen am Ende des Tages das Gefühl zurückbleibt, etwas Besonderes bekommen und erlebt zu haben.

4.2 Umsetzungsphase: Unterstützung durch externe Partner

Steht der Maßnahmen-Mix im Rahmen der Jubiläumskampagne, muss die Umsetzung geplant werden. Wenn es die Personalkapazitäten und die internen Strukturen ermöglichen, ist es ideal, hierfür ein **Organisationsteam** zusammenzustellen. Es koordiniert die verschiedenen Projektverantwortlichen und stellt sicher, dass die Jubiläumsstory – der rote Faden – nicht im Laufe der Umsetzung verwässert wird. Zudem stimmt das Organisationsteam die Maßnahmen zeitlich und inhaltlich aufeinander ab. Wenn die eigenen Personalressourcen knapp sind oder größere Jubiläumsveranstaltungen organisiert und durchgeführt werden sollen, ist es empfehlenswert, externe Event- und Kommunikationspartner hinzuzuziehen. **Deren operative Unterstützung hat viele Vorteile:**

- Externe Partner verfügen über einen hohen Erfahrungsschatz bei der Durchführung von Jubiläen – das „Rad muss nicht neu erfunden werden".
- Sie kennen alle Fallstricke und Unwägbarkeiten – dies minimiert Zeitverzögerungen.
- Sie gewährleisten ein hohes Maß an Professionalität, auch durch den Rückgriff auf Spezialisten für alle Teilbereiche Ihres Jubiläums – dies verhindert in der Regel unnötige Mehrkosten.

In jedem Fall solllten Sie aber auch prüfen, inwieweit Sie bei der Umsetzung der Jubiläumsaktivitäten **einen Anteil an Eigenleistung** übernehmen können. Im Gespräch mit den favorisierten Event- und Kommunikationspartnern sollte eruiert und detailliert festgelegt werden, welche Teilaufgaben intern übernommen werden. Wichtig ist hier, Projektteams festzulegen und klare Zuständigkeiten sowie exakte Terminvorgaben zu definieren. Diese Vorgehensweise ist von großem Nutzen: Das Budget kann nicht nur optimiert werden, sondern die Mitarbeiter werden in das Jubiläumsprojekt eingebunden, sie identifizieren sich mit der Aufgabe und dadurch bekommt es im Unternehmen einen entsprechenden Stellenwert. Und durch die Zusammenarbeit mit externen Partnern und den vorher abgestimmten Leistungen entstehen Synergien auf beiden Seiten (Zusammenwirken von internem und externem Know-how). Die folgende Checkliste gibt Ihnen Hinweise, worauf Sie bei der Auswahl einer Veranstaltungsagentur achten sollten.

Checkliste: Wie Sie eine Veranstaltungsagentur auswählen

Auswahlkriterien	Erwartungen erfüllt?	Anmerkungen
Ist die Agentur auf die Durchführung von Jubiläumsaktivitäten spezialisiert?		
Gefällt Ihnen die „Handschrift" des Dienstleisters? (Arbeitsbeispiele, Projektideen zeigen lassen)		
Passt die Unternehmensphilosophie der Agentur zu Ihnen – soll sie jung, dynamisch oder eher konservativ sein? Haben Sie den Eindruck, die „Chemie" stimmt?		
Ist die Agentur bereit, sich in den Jubiläumsstab zu integrieren?		
Ist die Agentur daran gewöhnt, auch mit kleineren Budgets zu arbeiten oder bekommen Sie dann nur Standardlösungen geboten?		
Ist die räumliche Nähe des Dienstleisters und seiner Netzwerke zum Sitz des Unternehmens gewährleistet?		
Hat die Agentur bereits kleine und mittelständische Unternehmen betreut?		
Kann der Dienstleister Referenzen aus Ihrer Branche in der Zusammenarbeit mit kleineren Unternehmen vorweisen? (Referenzkunden nennen lassen – mit der Bitte, sie kontaktieren zu dürfen)		
Wie viele Kunden konnte die Agentur in den letzten zwei Jahren gewinnen? Welchen Auslastungsgrad hat die Agentur?		
Verfügt die Agentur über ein Netzwerk von Spezialisten für Sonderaufgaben (zum Beispiel für Direktwerbung, PR oder Online-Marketing)?		
Hat die Agentur Geschäftsbeziehungen zu lokalen/regionalen Medien?		
Kann die Agentur Marktforschungsdaten aus Ihrer Branche beschaffen?		
Welche Aufgaben möchten Sie auslagern, welches Know-how fehlt Ihnen im Unternehmen? Welche Maßnahmen muss der Event-Dienstleister umsetzen können?		

Wer glaubwürdig sein will, muss den ständigen Dialog suchen.

Heinz M. Goldmann

5 Klappern gehört dazu – Dialog mit den Medien im Jubiläumsjahr

Wäre es nicht wünschenswert, wenn die Regionalpresse oder die Fachmedien im Jubiläumsjahr über Ihr Unternehmen und seine Erfolge berichteten? Oder wenn Sie bei dieser Gelegenheit als wichtiger Marktpartner, verantwortungsbewusster Produzent und beliebter Dienstleister dargestellt würden? Angesichts eines sich ständig verändernden gesellschaftlichen Umfeldes sollten Sie also das Jubiläum nutzen, Ihr Handeln durch eine offene und zielgerichtete Informationspolitik glaubwürdig zu erklären und so Vertrauen in Ihre Produkte und Ihr Unternehmen zu schaffen.

5.1 Praktische Medienarbeit: Gut vorbereitet ist halb gewonnen

Damit Sie Ihre Jubiläumsbotschaft einer breiteren Öffentlichkeit kommunizieren können, ist professionelle Medienarbeit von entscheidender Bedeutung. Dazu zählen Medienkenntnisse ebenso wie das Verständnis für die Arbeit von Journalisten und Medien und ein planmäßiges Themenmanagement.

5.1.1 Sich durch Pressemitteilungen ins Gespräch bringen

Trotz digitaler Welt und Internet zeigt sich, dass **gedruckte Medien für die Menschen immer noch eine herausragende Bedeutung haben**. Sie halten Zeitschriften und Tageszeitungen für besonders zuverlässige und glaubwürdige Informationsquellen. Demzufolge genießen bei Lesern auch **Informationen aus Presseartikeln ein höheres Vertrauen als reine Werbung**. Ihre Pressemitteilungen zum Jubiläum werden von den Redaktionen nur dann wahrgenommen, wenn Sie die Grundregeln im Umgang mit Journalisten und Medien beachten:

Medienkenntnis ist das A und O. So, wie Sie den Markt für Ihre Produkte oder Dienstleistungen kennen, sollten Sie auch über den lokalen bzw.

regionalen Medienmarkt Bescheid wissen, auf dem Sie Informationen im Zusammenhang mit Ihrem Jubiläum vermarkten wollen. Medienarbeit beginnt also mit dem regelmäßigen Studium der Medien, ihrer Themenangebote und mit dem Recherchieren der richtigen Ansprechpartner in den Redaktionen.

Pressearbeit ist Chefsache. So wie Sie Aufträge in persönlichen Verkaufsgesprächen akquirieren und zu Ihren Kunden langfristige Beziehungen aufbauen, ist auch der persönliche Kontakt zu den Medienvertretern im Vorfeld des Jubiläums unerlässlich. Bauen Sie Vertrauen auf, indem Sie sich als Unternehmer zum Anfassen präsentieren – und der die Botschaft des Unternehmens immer selbst nach außen trägt.

Journalisten sind auch Kunden. Fragen Sie sich: Wie können Sie die Medienvertreter in ihrer Arbeit unterstützen? Journalisten stehen eigentlich immer unter Druck. Sie wissen es daher zu schätzen, wenn Sie ihnen interessante Informationen rund um Ihr Jubiläum schnell, zuverlässig, termingerecht, professionell strukturiert und gut aufbereitet liefern.

Ein Presseverteiler strukturiert Kontakte. Ein gut gepflegter Presseverteiler gehört im Jubiläumsjahr zu den wichtigsten Grundlagen Ihrer Pressearbeit. Über Recherchen im Internet, das Impressum oder durch Anrufe in den Redaktionen beschaffen Sie sich die Kontaktdaten der für Sie in Frage kommenden lokalen bzw. regionalen Medien. Ihre Pressedatenbank sollte folgende Informationen enthalten: Name und Art des Mediums, Redaktion und Ressort, Erscheinungsweise, Ansprechpartner mit Kommunikationsdaten sowie realisierte Presseberichte mit Datum.

Pressemitteilungen brauchen Regelmäßigkeit und Mehrwert. Von den Redaktionen beachtet werden Sie viel eher, wenn Sie nicht nur einmal im Jubiläumsjahr eine Pressemitteilung versenden, sondern die wichtigsten lokalen oder regionalen Medien in regelmäßigen Abständen mit Informationen rund um Ihr Jubiläum versorgen. Auch wenn nicht alle Texte abgedruckt werden, hilft es Ihnen, Kontakt zum zuständigen Redakteur zu halten und vielleicht auch einmal als Interviewpartner berücksichtigt zu werden. Die Chancen der Veröffentlichung steigen vor allem dann, wenn Ihre Pressemitteilung für die Journalisten einen Nachrichtenwert, das heißt Aktualität, Bedeutung, Neuigkeit oder Originalität, besitzt.

Keine Pressemitteilung ohne Anlässe und Themen. Professionelle Medienarbeit lebt von Themen, die die Journalisten aufmerksam machen und die für die Öffentlichkeit interessant sind. Pressemitteilungen zum Jubiläum sollten Sie also nur dann einsetzen, wenn Sie ein publikumsstarkes Thema finden. Folgende Themen können beispielsweise im Zusammenhang mit dem Jubiläum für die Öffentlichkeit einen Nachrichtenwert besitzen:

- Daten und Fakten zum Unternehmen (bisherige Erfolgsgeschichte, Perspektiven, Entwicklung zukunftsorientierter Produkte), Terminübersicht für Jubiläumsaktivitäten
- Schaffung von Arbeitsplätzen oder neue Weiterbildungskonzepte vor dem Hintergrund der unternehmerischen Leitideen
- Außergewöhnliches soziales oder kulturelles Engagement an Ihrem Standort (Sponsoringaktionen, Spende an soziale Einrichtung)
- Einweihung eines Betriebskindergartens
- Mitarbeiterorientierte Konzepte für Fitness und gesunde Ernährung
- Ankündigung Ihres Jubiläumsverkaufs

Für Ihre Themenauswahl zum Jubiläum können Sie folgende Planungsunterlage nutzen:

PLANUNGSUNTERLAGE:
PRESSEMITTEILUNG: INHALTE MIT NACHRICHTENWERT

Welche Nachrichten sind im Zusammenhang mit dem Jubiläum für die Leser spannend?

1.

2.

3.

4.

5.

6.

**Ihre Pressemitteilung zum Jubiläum –
professionelle Gestaltung erhöht die Abdruckchancen**

Für die Erstellung von Pressetexten gibt es eine Reihe von **formalen und inhaltlichen Kriterien**, die den Aufmerksamkeitswert – und damit die Chancen des Abdrucks im Jubiläumsjahr erhöhen. Sollten Sie Ihre Pressemitteilungen selbst verfassen, gilt es im Hinblick auf den **Aufbau** Folgendes zu beachten:

- Gestalten Sie eine entsprechende Vorlage (Firmenlogo, Absender und Kontaktdaten stehen immer an derselben Stelle, Kennzeichnung als Presseinformation).

- Vermerken Sie das Datum der Pressemitteilung, die Pressemitteilung sollte maximal aus einer Seite bestehen, halten Sie einen anderthalbfachen Zeilenabstand ein.

- Gliedern Sie den Text mit Absätzen und Zwischenüberschriften.

- Die Überschrift muss aussagekräftig sein, soll zum Weiterlesen anregen, Rahmen und Inhalt der Meldung müssen erkennbar sein.

- Der erste Absatz bzw. der Einstieg enthält die wichtigsten Informationen und beantwortet die klassischen W-Fragen: Wer (Unternehmen) hat was (Anlass) wann (Tag, Monat, Jahr des Ereignisses) wo (Ort) wie (Beschreibung der Umstände) und warum (Hintergrund für Aktivitäten) getan?

- In den weiteren Absätzen sollten Sie Informationen in abnehmender Wichtigkeit unterbringen.

- Zum Schluss geben Sie Ansprechpartner, Anschrift und Ihre aktuellen Kommunikationsdaten an.

- Bei der Erstellung des Pressetextes gilt: Formulieren Sie in einfachen, präzisen, kurzen Sätzen und nutzen Sie einen aktiven Sprachstil. Zitate lockern den Pressetext auf.

- Verwenden Sie keine Fachsprache, erklären Sie Spezialbegriffe. Verzichten Sie auf Lobhudelei, Superlative und werbliche Aussagen, neutrale und nachprüfbare Fakten stehen im Mittelpunkt.
- Nennen Sie sich beim Namen (niemals „wir"). Sie sind die Informationsquelle. Geben Sie bei Personen immer den akademischen Titel, Vornamen und Namen sowie die Funktion im Unternehmen an (ohne Anrede „Herr" oder „Frau").

5.1.2 Mit Online-PR zum Jubiläum Vertrauen aufbauen

Die klassische Medienarbeit ist für die meisten Unternehmen ein wichtiges Mittel im Rahmen ihrer Jubiläumskommunikation. Aber auch die Medienarbeit im Internet spielt zum Jubiläum eine wichtige Rolle. Denn das Internet ist ein für Journalisten wichtiges Arbeitsinstrument: Sie recherchieren in Suchmaschinen nach Unternehmen, spüren neue Themen auf, informieren sich direkt auf den Internetseiten über Unternehmen und kommunizieren im Netz. Indem sie Informationen zusammentragen, auswählen und bewerten, haben sie eine bedeutende Orientierungsfunktion, denn im Internet ist nicht die Verfügbarkeit das Problem, sondern die richtige Auswahl und Qualität von Informationen. Gleichzeitig suchen immer mehr Kunden und Interessenten im Internet aktiv nach Unternehmens- und Produktinformationen, wenn es darum geht, Kaufentscheidungen zu treffen.

Daher wird es auch für kleinere Unternehmen zunehmend wichtig, das Internet für die Pressearbeit und den Dialog mit potenziellen Kunden zu nutzen, um im Jubiläumsjahr das Vertrauen zu stärken und sich als glaubwürdiger Marktpartner zu positionieren. Aber auch im Rahmen des Jubiläums gilt: **PR im Internet ist mehr als die bloße Bereitstellung von statischen Unternehmensdaten. Und ohne Mehrwert keine Nutzung.** So legen Sie die Grundlagen für erfolgreiche Medienarbeit im Netz:

Aktualität ist das A und O. Die Möglichkeit einfacher Hintergrundrecherchen ist für Journalisten im Hinblick auf das Internet von zentraler Bedeutung. Darum sollten Sie aktuelle Informationen rund um Ihr Jubiläum auf Ihrer Internetseite bzw. Ihrer Jubiläums-Microsite bereitstellen.

Die Information steht an erster Stelle. Hochwertige Informationen sind im Internet oft schwer zu finden. Ein übersichtlicher Aufbau Ihrer Internetseite/Jubiläums-Microsite ist für den Aufbau eines Dialogs mit Journalisten unabdingbar. Aktuelle Kontaktdaten (vor allem Telefonnummer und E-Mail-Adresse des für die Medien zuständigen Ansprechpartners) sind ein Muss. Professionell erstellte Pressemitteilungen mit regionaler Ausrichtung sollten auf keiner Internetseite fehlen. Suchfunktionen und Navigationshilfen sind weitere Hilfsmittel, um Informationen für Journalisten schnell zugänglich zu machen.

Internetseite mit Service. Für Journalisten sind geeignete Fotos oder Grafiken im Internet oft Mangelware. Stellen Sie im Jubiläumsjahr, neben Pressemitteilungen, zusätzlich aktuelles Material zum Download zur Verfügung: Fotos von Personen, Produkten oder Dienstleistungen in Anwendung, Jubiläumsveranstaltungen, Gebäuden, Ihr Logo in unterschiedlichen Größen sowie Infografiken zur Erfolgsgeschichte. So können sich die Medienvertreter das passende Material aussuchen und sich selbst bedienen.

Gezielt informieren. Pressearbeit im Internet muss stets, genau wie klassische PR, die Wichtigkeit einer Information im Blick haben. Versenden Sie Pressemitteilungen online nur, wenn Sie wirklich etwas zu sagen haben. Dabei ist es wichtig, sich an den Interessen der Leserzielgruppen zu orientieren. Im Vordergrund sollten immer nur Inhalte mit Mehrwert stehen. Dadurch ordnen Sie bewusst den Stellenwert eines Themas ein und geben Ihren Lesern bzw. Kunden die für sie notwendige Orientierung.

Bei Google gefunden werden. Mit der Medienarbeit im Netz will ein Unternehmen seinen Bekanntheitsgrad vor Ort steigern, mit seinem Angebot ein bestimmtes Thema besetzen und sich als Spezialist in den Köpfen potenzieller Kunden verankern. Die Optimierung Ihrer Internetseite bzw. Jubiläums-Microsite für Suchmaschinen unterstützt Sie bei der Umsetzung dieser Ziele. Denn es kommt vor allem darauf an, dass Journalisten und Interessenten, wenn sie bestimmte Schlüsselbegriffen in Suchmaschinen wie Google eingeben, auf Ihre Webpräsenz stoßen.

Voraussetzung dafür, gefunden zu werden ist, dass Sie auf Ihrer Internetseite Beiträge bereitstellen, die entsprechende Suchwortkombinationen enthalten. Denn Google wertet die Inhalte auf Ihrer Seite aus und berücksichtigt darüber hinaus auch die Aktualität der Pressemeldungen. Veröffentlichen Sie also inhaltlich relevante Artikel zum Jubiläum auf Ihrer Internetseite. Wenn Sie sich zudem mit den Internetseiten Ihrer Geschäftspartner verlinken, erhöht dies die Wahrscheinlichkeit, dass Ihre Internetseite auf den Trefferlisten der Suchmaschine weiter vorne angezeigt wird.

Veröffentlichte Artikel als Vertriebsinstrument. Wenn Sie veröffentlichte Artikel über Ihr Jubiläum zur Verfügung haben, und die Zustimmung der Urheber vorliegt, sollten Sie diese auch in Ihrer Internetseite gezielt einsetzen. Die erhöht die Glaubwürdigkeit bei Ihren Nutzern.

Sie können die Beiträge auch noch anders nutzen: Versenden Sie sie an Ihre Kunden per E-Mail oder ergänzen Sie damit Ihre Akquisitionsunterlagen. Indem Sie so bestimmte Themen besetzen, belegen Sie Ihre Kompetenz noch glaubwürdiger – und werden langfristig bei Ihren Kunden als Experte vor Ort wahrgenommen.

5.1.3 Pressearbeit zu Jubiläumsveranstaltungen durchführen

Medienvertreter auswählen: Damit Sie alle für eine gelungene Berichterstattung über die Jubiläumsveranstaltung infrage kommenden Medienvertreter berücksichtigen, bietet die folgende Übersicht eine erste Hilfestellung:

- Lokale und regionale Medien (Tageszeitungen, Anzeigenblätter, Stadtmagazine, Radiostationen, IHK-Zeitschriften)
- Fachpublikationen Ihrer Branche sowie die Ihrer Kunden
- Wirtschaftsmagazine, Verbandsmedien
- Online-Portale

Für Ihre Überlegungen zum Thema Einladung von Journalisten können Sie diese Planungsunterlage einsetzen:

PLANUNGSUNTERLAGE
PRESSEARBEIT: WELCHE MEDIENVERTRETER SOLLTEN EINGELADEN WERDEN?

Medien	Redaktion	Zuständiger Redakteur	Adresse
1.			
2.			
3.			
4.			
5.			
6.			
7.			

Medienarbeit in drei Schritten

Eine systematische Medienarbeit rund um die Veranstaltung bedeutet, dass Sie die Medienvertreter in drei Schritten auf unterschiedliche Weise bedienen müssen.

Schritt 1: Vor der Veranstaltung
Planen Sie rechtzeitig eine Betriebsbesichtigung ein. Dabei lassen sich positive Unternehmensinformationen über Umsatzentwicklung, Neueinstellungen, Engagement in der Aus- und Weiterbildung oder bevorstehende Jubiläumsaktivitäten kommunizieren.

Mindestens 6 Wochen vor der eigentlichen Veranstaltung sollten Sie Kontakt mit den für Sie wichtigen Medienvertretern aufnehmen – mit folgenden Informationen:

- Einladung zur jeweiligen Veranstaltung (mit VIP-Einlasskarte, Parkausweis, Programm- und Zeitplan)
- Pressetexte in Lang- und Kurzversion (Historie, Zeitzeugen, Leitgedanken/Statements der Geschäftsführung, Erfolgsgeschichten, Zukunftspläne des Unternehmens)
- Schwarz/Weiß-Fotos (Unternehmen, Mitarbeiter, Geschäftsleitung – Beschriftung auf der Rückseite nicht vergessen)
- Informationen über Ansprechpartner im Unternehmen für weitere Informationen (mit Telefondurchwahl, Fax, Mobiltelefonnummer, E-Mail-Adresse)

Schritt 2: Am Tag der Veranstaltung
Zum Tag der Festveranstaltung sollten Sie Pressemappen vorbereiten und auf den für die Medienvertreter reservierten Plätzen auslegen. Die Pressemappen enthalten in der Regel folgende Bestandteile:

- eine aktuelle Pressemitteilung zum Thema Neuigkeiten und Jubiläum
- die Manuskripte aller Reden
- Liste aller Redner (Vor- und Zuname mit Funktionsbezeichnung)
- Bildmaterial
- ein Exemplar der Festschrift oder Jubiläumsbroschüre
- Visitenkarte des Ansprechpartners im Unternehmen
- Notizblock und Kugelschreiber

Wichtig: Bieten Sie auf Ihrer Homepage Presseinformationen für Journalisten zum Herunterladen an.

Schritt 3: Nach der Veranstaltung
Kurze Zeit nach der Veranstaltung sollten Sie Pressemappen an diejenigen Medienvertreter schicken, die nicht kommen konnten. Wichtig: Erkundigen Sie sich vorher nach dem Termin für den Redaktionsschluss, damit der Beitrag über Ihr Jubiläum auch zeitlich passend erscheint.

Heutzutage kennen die Leute vor allem den Preis und nicht den Wert.

OSCAR WILDE

6 Nach dem Jubiläum – Erfolgskontrolle durch Feedback

Da Sie bei der Planung des Jubiläums Marketing- und Kommunikationsziele festgelegt haben, müssen Sie nach Ablauf der Feierlichkeiten und anderer Jubiläumsaktivitäten überprüfen, ob diese erreicht wurden. Es stellt sich also die berechtigte Frage: Wie lässt sich der Erfolg des Jubiläums als Marketingereignis letztlich messen? Es liegt in der Natur der Maßnahmen im Bereich Öffentlichkeitsarbeit, dass sich der Erfolg in der Regel nicht am Quartalsende in deutlich gestiegenen Umsätze niederschlägt – sieht man einmal von erfolgreich durchgeführten Jubiläumsverkäufen ab. Doch das Jubiläum als Marketingmaßnahme lohnt sich auf anderen Ebenen: Es zahlt sich langfristig aus durch treue und begeisterte Kunden, dauerhaft motivierte Mitarbeiter, gefestigte Lieferantenbeziehungen sowie eine positive Resonanz aus Medien und von Multiplikatoren und trägt so zu einer stabilen Unternehmensentwicklung bei.

6.1 Mittel und Wege: zielgerichtet und kundenorientiert

In der Praxis gibt es einige Möglichkeiten, um herauszufinden, welche Resonanz Ihr Jubiläum bei den Kunden- und Interessentengruppen gefunden hat und ob damit eine Einstellungsveränderung verbunden ist.

6.1.1 Befragung bei Kunden, Partnern und Mitarbeitern durchführen

Messen Sie die Zufriedenheit Ihrer Kunden und Geschäftspartner in Form einer **aussagekräftigen Befragung**. Der Rahmen Ihres Jubiläums bietet Ihnen die Gelegenheit dazu, offene und ehrliche Meinungen einzuholen. Ob während Ihrer Festveranstaltung oder im Rahmen Ihrer Kommunikationsarbeit – stellen Sie detaillierte Fragen zu Ihrem Unternehmen, zu dessen Werten, zum Verhalten der Mitarbeiter im Kundenkontakt sowie zu Stärken und Schwächen einzelner Jubiläumsaktivitäten.

Eine weitere Möglichkeit der Erfolgskontrolle sind **Einstellungsmessungen**. Dabei fragen Sie ausgewählte Kunden- und Interessentengruppen nach vorgegebenen Imagedimensionen ab. So wäre das Ansteigen der Glaubwürdigkeit Ihres Unternehmens nach dem Jubiläum ein Indikator für die Effizienz der Aktivitäten und Instrumente.

Da die Mitarbeiter des Unternehmens auch die **Multiplikatoren nach außen sind, ist deren Meinung ein wichtiger Indikator für die Verbesserung des „Wir-Gefühls".** Nutzen Sie die persönliche Atmosphäre einer Betriebsfeier oder eine Befragung zum Ende des Jubiläumsjahres, um schnell und einfach den Erfolg Ihrer Maßnahmen und Aktivitäten (Jubiläumsfeier, gesamte Kampagne, Jubiläumsangebote etc.) einzuschätzen.

Eine Befragung sollte folgende Schwerpunkte beinhalten:

- Beurteilung des Jubiläums und der Aktivitäten – Skala 1-6
- Stärken und Schwächen einzelner Maßnahmen
- Beurteilung des Jubiläums im Bekanntenkreis
- Persönliche Einschätzung zur Verbesserung des Images nach außen

Ein solch unmittelbares Feedback Ihrer Kunden- und Interessentengruppen liefert Ihnen – außerhalb der Betrachtung der harten Umsatzzahlen – wertvolle Informationen über Befindlichkeiten, Meinungen, Einstellungen und Kritikpunkte, die Sie im Tagesgeschäft zielführend berücksichtigen können.

6.1.2 Medienresonanz sammeln und bewerten

Zusätzlich zu den Befragungen sammeln und bewerten Sie die Medienresonanz auf Ihr Jubiläum. Sammeln Sie alle **Presseberichte, Hörfunkbeiträge und Artikel der Online-Portale**, die über die Aktivitäten und Ereignisse erschienen sind. Beurteilen Sie die verschiedenen Beiträge nach dem redaktionellen Umfeld: Lokalseiten von Tageszeitungen haben die in der Regel die höchste Leseintensität, der Wirtschaftsteil besitzt einen hohen Imagefaktor. Rundfunkbeiträge lokaler Sender lassen sich ebenfalls gewichten: Beträge morgens zwischen 7 und 9 Uhr oder zwischen 16 und 18 Uhr bringen einen besonders hohen Aufmerksamkeitswert. So können Sie im Nachgang die Reichweite und Qualität der Berichterstattung abschätzen.

*Die Vergangenheit und die Gegenwart sind unsere Mittel,
die Zukunft allein ist unser Zweck.*

PASCAL

7 Das Firmenjubiläum als Marketinginstrument – Fahrplan

Sie haben nun Ihr Marketingwissen für das geplante Jubiläum aufgefrischt oder konnten die Erkenntnis gewinnen, dass es eine einmalige Gelegenheit ist, den Geburtstag Ihres Unternehmens als kraftvolles Marketinginstrument zu nutzen. Weiterhin ist Ihnen bewusst geworden: Das Jubiläum ist mehr als die Durchführung einer Festveranstaltung oder die Zahlung einer Mitarbeitergratifikation.

Vielmehr geht es beim Jubiläum darum, Ihren **Unternehmensauftritt wertvoller** zu gestalten. Wenn es Ihnen gelingt, nicht nur bisherige Erfolge, aktuelle Entwicklungen, Ihr Leistungsversprechen und künftige Potenziale wirkungsvoll zu präsentieren, sondern auch einen zielgruppengerechten Dialog anzuschieben sowie Mehrwert und emotionalen Nutzen zu bieten, fördern Sie Begeisterung, Kundenbindung, Glaubwürdigkeit und Akzeptanz im Marktumfeld.

Der Schlüssel zum erfolgreichen Einsatz des Jubiläums als nachhaltiges Marketinginstrument ist ein **aussagekräftiges Konzept**, die **Beteiligung der Mitarbeiter**, sowie die **frühzeitige Planung und professionelle Durchführung authentischer Aktivitäten** im Sinne einer ganzjährigen **Jubiläumskampagne**. Zum Abschluss unterstützt Sie der folgende **Orientierungsrahmen** dabei, an wichtige Punkte und notwendige Arbeitsschritte zu denken.

Orientierungsrahmen:
Die wichtigsten Schritte auf dem Weg zum Jubiläumserfolg

Phase	Prozess/Maßnahmen	Erledigt Ja / Nein
Vor dem Jubiläum	**Projektteam/Jubiläumsstab zusammenstellen**	
	• Personalressourcen und Know-how im Unternehmen überprüfen, um Jubiläum professionell abzuwickeln	
	• Mitarbeit von Geschäftsführer oder Inhaber sicherstellen	
	• Geeignete Mitarbeiter/ Führungskräfte auswählen.	
	• Einbindung externer Dienstleistungspartner (Event-Agentur, Catering etc.) prüfen, Angebote einholen, auswählen, Aufträge erteilen	
	Zur Konzepterstellung Jubiläums-Workshop durchführen – schriftliches Jubiläumskonzept entwickeln	
	• Standortbestimmung/interne Analysen (Unternehmen, Image)	
	• Gewichtung von Vergangenheit und Zukunft	
	• Beschreibung der Unternehmenswerte	
	• Definition der Jubiläumszielgruppen (Basis: Unternehmenszielgruppen)	
	• Festlegung der quantitativen und qualitativen Jubiläumsziele (Basis: Marketing- und Kommunikationsziele)	
	• Entwicklung einer Leitidee als Jubiläumsmotto (gibt dem Jubiläum ein klares Profil. Ansatzpunkt: Unternehmensphilosophie)	

Phase	Prozess/Maßnahmen	Erledigt	
		Ja	Nein
	• Formulierung der Erfolgsgeschichte		
	• Auswahlkriterien für Maßnahmen und Kommunikations-Mix (offline/online) im Jubiläumsjahr aufstellen und entsprechende Aktivitäten festlegen		
	• Jubiläumsstrategie mit der Kommunikationsstrategie des Unternehmens zeitlich/ inhaltlich abstimmen		
	• Kostenplanung Klärung der jeweiligen Kosten vor der endgültigen Festlegung der Aktivitäten und Maßnahmen Erstellung eines festen Budgets		
	Buchungstermin beachten		
	• Bei geplanten Festveranstaltungen: geeigneten Ort mindestens 1 Jahr vor dem eigentlichen Veranstaltungstermin buchen (evtl. in Zusammenarbeit mit Event-Agentur)		
	Rechtzeitige Einladungen/ Festveranstaltungen		
	• Die wichtigsten Gäste bereits einige Monate im Voraus per Vorabeinladung bitten, den Termin der Festveranstaltung vorzumerken • Die eigentliche Einladung mit allen Details geht 4 bis 6 Wochen vor dem Ereignis an die Adressaten		

Phase	Prozess/Maßnahmen	Erledigt	
		Ja	Nein
Vor und während des Jubiläums	**Instruktion der Mitarbeiter**		
	• Über Daten, Fakten, Aktivitäten und Termine im Jubiläumsjahr		
	Umsetzung des Jubiläumskonzepts **Organisation und Durchführung der Aktivitäten bzw. der Kampagne im Jubiläumsjahr (Wer, was, wann, wie, womit?)**		
	• Festveranstaltung/Tag der offenen Tür (in Zusammenarbeit mit externen Dienstleistern)		
	• Maßnahmen und Kommunikations-Mix (offline/online) in Zusammenarbeit mit externen Dienstleistern		
	• Medienarbeit Liste mit den (regional) wichtigsten Tageszeitungen, Anzeigenblättern, Radiosendern, Online-Portalen und Fachmedien zusammenstellen. • Nach Ansprechpartnern in den Redaktionen für eine Berichterstattung über das Jubiläum erkundigen. • Pressemitteilungen an ausgewählte Redaktionen mit Daten und Fakten zur Unternehmensgeschichte sowie den Terminen der Aktivitäten. • Pressearbeit vor und während der Festveranstaltung.		
Während des Jubiläums	**Im Rahmen der Veranstaltungen und/oder des Jubiläumsverkaufs**		
	• Qualifizierte Kontakte/Kunden • Networking		

7 Das Firmenjubiläum als Marketinginstrument – Fahrplan

Phase	Prozess/Maßnahmen	Erledigt Ja	Nein
	• Lobbying (Geschäftspartner, Multiplikatoren) • Beobachtung vor Ort • Kundenverhalten zum Tag der offenen Tür • Kaufverhalten/Reaktionen auf Sonderangebote, Rabattaktionen (Infos an Marketing und Vertrieb)		
Nach dem Jubiläum	**Koordination/Aufräumarbeiten im Rahmen von Festveranstaltungen**		
	• Personaleinsatzplanung (Catering, Reinigung, Mitarbeiter, Kontrolle)		
	Kommunikation und Erfolgskontrolle		
	• Dankesschreiben an VIPs (Politiker, Multiplikatoren, Geschäftspartner)		
	• Medienarbeit • An alle geladenen Medienvertreter, die nicht persönlich zur Festveranstaltung erschienen sind: Höhepunkte der Feier in Pressemitteilung zusammenfassen und inkl. Bildmaterial kurzfristig versenden		
	• Befragungen, Medienresonanz Auswertung und Aufbereitung auf der Basis der Zieldefinition)		
	Schlussbericht		
	• Adressaten: Geschäftsführung und beteiligte Fachabteilungen (Basis: Auswertungen, interne Manöverkritik, Zufriedenheit mit externen Dienstleistungspartnern)		

Der Autor

Thomas Johne kennt Marketing, Medien und Kommunikation in vielen Facetten: Nach dem er jahrelang in leitender Funktion bei der „Frankfurter Allgemeine Zeitung" in den Bereichen Marketing und Medienentwicklung tätig war, ist der Diplom-Betriebswirt heute Inhaber der WinPOWER MarketingBeratung. Dort finden insbesondere Unternehmensgründer sowie Inhaber kleiner und mittlerer Unternehmen Beratung in Sachen Marketing und Kommunikation.

Als Fachautor und Herausgeber ist er seit vielen Jahren für namhafte Verlage, Wirtschaftsinstitutionen und Internetportale publizistisch tätig. Marketingwissen auch für Nichtexperten nutzbar zu machen, steht hier für ihn im Vordergrund. Ob Basiswissen, leicht verständlich und komprimiert aufbereitet oder praxiserprobte Arbeitsmittel zur direkten Anwendung – die Leser profitieren von der langjährigen Erfahrung des Autors in der Beratung von kleinen Unternehmen.

So unterstützt er Unternehmensgründer sowie Inhaber kleinerer Unternehmen dabei, ihre Marketingkompetenz zu erweitern, damit sie Marketingaufgaben noch professioneller und erfolgreicher lösen können.

Kontakt: ThomasJohne@winpower-marketing.de

Internet: www.winpower-marketing.de

Printed by Libri Plureos GmbH
in Hamburg, Germany